LA MAISON BASQUE

PAU. — IMP. VERONESE, RUE DE LA PRÉFECTURE, 11.

LA MAISON BASQUE

PAR

Henry O'Shea

LA

MAISON BASQUE

NOTES ET IMPRESSIONS

PAR

Henry O'SHEA

ILLUSTRATIONS DE FERDINAND CORRÈGES

⸻⸻◆❖◆⸻⸻

PAU

Léon RIBAUT, Libraire-Éditeur,
6, rue Saint-Louis.

—

1887

À M. Antoine D'ABBADIE

D'ABBADIA

Membre de l'Institut.

Hommage d'un admirateur passionné du noble peuple dont il est une des gloires et personnifie les vertus.

Ces pages ont déjà paru dans l'excellente Revue des Basses–Pyrénées et des Landes, *dont l'hospitalité m'a été gracieusement offerte par son aimable et savant directeur, M. Paul Labrouche. Les illustrations sont dues au talent si fin et si distingué de l'artiste bayonnais, M. Ferdinand Corrèges, dont je ne saurais assez louer le désintéressement et l'amicale bienveillance. Je tiens à remercier ici tous ceux qui ont bien voulu s'intéresser à mon petit travail, m'aidant de leurs conseils ou me communiquant des renseignements. Il me sera permis de nommer tout particulièrement M. A. Maury, de l'Institut ; le prince L. Bonaparte ; M. A. Bertrand, de l'Institut ; mon savant ami le Rev. W. Webster ; M. Bascle de Lagrèze, qui m'a confié son précieux manuscrit des* Commentaires de la coutume de Soule ; *l'abbé Inchauspé, grand-vicaire ; les abbés Haristoy, Larremendy, Etcheverry, etc., etc.*

H. O'SHEA.

AVANT-PROPOS

Nihil sanctius, nec omni religione mu-
nitius, quam domus unius cujusque
civium.

CICÉRON.

Il y a des modes pour les choses de l'esprit, comme il y en a pour
les chiffons de femme. Tout dépend de la température morale. Fait-il
froid dans les cœurs, des théories se dressent de toutes parts, stériles
et dures, comme des blocs de glace, transformés par des mains habiles
en curieux monuments, qui vivement miroitent sous l'angle de
lumière d'un paradoxe ingénieux. Ce siècle a inventé — ou retrouvé —
le système des *races* et des *milieux*. Rien n'est plus commode que ce
fatalisme emprunté aux sciences naturelles dans leurs applications
à l'histoire, à la philosophie, à l'art. Qu'est-ce qu'un Anglais ? Un composé de phosphore, d'ozone et de brouillard délayés dans la bière — et
vous avez Shakspeare. Pour faire le Français — garanti inaltérable —
la recette est non moins simple : de la cervelle de linotte, le chant
d'un coq et trois rayons de soleil — et vous aurez Pascal. Il est convenu
que dans l'Espagnol révolté, voltairien et positif du XIXᵉ siècle, nous
devons retrouver le Castillan de Philippe II, grave, austère, croyant,
fidèle. Le Français américanisé de notre temps, le Français, vêtu de
noir, qui a perdu le don du rire, ce malade inquiet et fiévreux, est,
paraît-il, le même qui, au XIIIᵉ siècle, dans l'exaltation de la foi catho-
lique, faisait jaillir du sol ces gerbes de lys en pierre, les cathédrales
gothiques, et soulevait la terre jusqu'au ciel en prenant la Croix pour
levier et le cœur du Christ pour point d'appui.

Non — il n'y a pas de races ! L'histoire de l'homme est l'histoire
de la volonté de l'homme (1).

(1) Cette affirmation semblera en contradiction avec l'importance que j'attribue aux races dans la suite de mes recherches. Voici quel est le fond de ma
pensée. La forme du crâne, la charpente osseuse, l'appareil musculaire, le
système pilaire sont les effets de l'éducation physique, de l'hérédité, du climat.
Ce qui d'après moi constitue ce qu'on appelle des races, ce sont certaines manières générales de sentir et de penser, résultant du degré de vérité perçue, et

Le sol, le ciel, l'aspect des choses, pétrissent, dites-vous, façonnent l'argile humaine. Nullement. C'est l'esprit qui tisse notre vêtement de chair. Notre volonté, sachez-le bien, soulève ce bras, le paralyse ; rend nette ou trouble l'imagination, cette fenêtre derrière laquelle nous voyons Dieu passer (1). Tout acte de la conscience, la plus légère impulsion du vice et de la vertu, ralentit ou active la marche des sphères, retentira dans l'éternité. Cette voix que tu écoutes dans le ravissement de ton être, forte et vibrante, fraîche et pure, cette voix est l'écho d'une action héroïque dans le passé, le fruit d'un sacrifice qui, dans un être humain, a rétabli l'accord des âmes et des choses. Le don de l'art lui-même, le génie, qu'est-ce, sinon l'explosion d'une fleur dont les racines ont lutté des mois, des années, des siècles, peut-être, dans la nuit profonde ? Des aigles et des vautours humains que les hommes défient, il n'est point ici question. Dieu, lorsqu'il ne les foudroie pas, leur pardonne leur gloire. Les vrais héros habitent les plaines de la vie, fuient les moindres coteaux. Ce sont les

devenues communes à tout un groupe de peuples pendant une durée plus ou moins longue. Une grande révolution se produit-elle dans la conscience, voilà transformés l'entendement, l'imagination, les inclinations ordinaires et les passions, bref toute l'économie de l'intelligence et toute l'organisation de la société. Les peuples chez lesquels ces nouveaux sentiments ont éclaté continuent d'être dolichocéphales ou brachycéphales, bruns ou blancs, sanguins ou bilieux. Avant le christianisme, ère d'initiation, les révolutions morales étaient très rares et, par suite, l'immuabilité des races difficile à entamer. Tout dans l'antiquité païenne s'explique par l'idée de la *chute*, de même que depuis le christianisme, ce dévoilement de la bonté suprême de l'âme divine, tout se rapporte à l'idée de *rachat*. Au lieu de prendre pour base des classifications ethnographiques les caractères de l'organisation, pourquoi ne pas s'appuyer sur les données d'une sorte de paléontologie psychologique ?

(1) L'imagination ou, pour parler plus rigoureusement, l'imaginative est celle de nos facultés qui a été la plus négligée par les philosophes, probablement parce qu'elle est la plus spiritualisée de toutes. L'imaginative est la faculté de *voir* spirituellement, c'est-à-dire de percevoir l'idée absolue dans le signe et de la recréer par un signe. L'intensité de la vision dépend de la pureté morale et de la force de l'émotion sympathique, ce sang de notre âme. Son origine, sa présence dans les opérations de l'esprit, de la volition, du sentiment, le degré de sa puissance, la durée et la transmission de ses effets, se rattachent à la grâce. L'intelligence aperçoit, la vertu devine, la grâce voit. Mais ce n'est pas en trois lignes qu'on peut exposer une théorie quelconque.

blêmes jeunes filles qui sans murmure tissent leur linceuil dans un rayon de soleil; les saints honteux qui dans l'ombre et le silence marchent sans cesse vers Dieu, portant leurs cœurs comme des vases d'encens ; les simples sublimes qui prennent leur point d'appui sur les devoirs de chaque heure, sans voir les échelles d'or qui posent des anges radieux. Nous ne valons que par la volonté, parce que la volonté a pour soutien l'âme passionnée, c'est-à-dire vivante, capable d'adorer la douleur, d'enfoncer avec des prières les portes qui donnent sur Dieu, de s'unir à lui en violant son cœur !!...

Or, vivre c'est construire, avec la volonté pour architecte et nos devoirs pour matériaux. La maison, c'est notre vie faite pierre. Tout acte de la volonté, sous l'empire d'un sentiment extraordinaire, se traduit par un geste qui le manifeste. Avec les lignes symboliques du comble, qui se rejoignent comme des mains unies dans la prière, la maison, elle aussi, fait un geste, semble prier, prêter serment sur un pacte solennel, fait à une certaine heure, entre un homme et Dieu.

On ne veut voir dans les constructions des peuples que les modifications successives d'un plan primitivement grossier, n'ayant pour but que d'abriter les hommes et de conserver leur bien.

L'art, quelque rudimentaire qu'il soit, n'obéit qu'en second lieu aux exigences matérielles.

Né d'une douleur infinie, il obéit avant tout à un besoin moral plus impérieux que le boire et le manger, — le besoin d'invoquer Dieu.

Un autel et — ce qui y ressemble le plus — un atelier de travail, telle est la maison idéale.

Nous ne pouvons pas comprendre ces choses aujourd'hui, parce que nos maisons modernes sont plus que tristes et banales, — qu'elles sont athées. Mais autrefois, et dans la haute antiquité surtout, la cabane la plus humble était plus qu'une habitation humaine ; c'était la demeure d'un esprit. Dieu visitant l'homme et le pénétrant de son amour, toutes les architectures reposent sur ce dogme sublime. C'est pourquoi la maison a si souvent été regardée par les législateurs comme étant à certains égards aussi sacrée que l'église. Ne participe-t-elle pas, dans sa plus haute signification, du double caractère d'un autel et d'une tombe, d'un *sacrifice* et d'une *rédemption* ? Aussi la maison était-elle autrefois une œuvre essentiellement humaine, presque vivante — une extension de l'homme lui-même. Avec quel ravissement il y voyait l'image de sa vie, la trace de sa volonté, la création de son intelligence, le fruit de ses efforts ! Comme ces choses inertes et grossières, ce mortier, ces briques, ces poutres, par lui métamorphosées, organisées, devenues vivantes, le reproduisaient tout entier ! Comme ses sentiments les plus profonds, ses pensées les plus sérieuses, passaient, à son insu, dans les profils de la maison ; se recueillaient dans l'ombre des corniches, sous les grandes ailes du toit ; ou bien s'intensifiaient dans la mélancolie poignante de la lumière sur les grands murs nus ! Témoin du passage de générations sans nombre ; sanctifié par tant de berceaux et tant d'agonies ; initiation à la vie nationale ; seuil du sanctuaire ; ô foyer domestique, dont la flamme semble avivée par les âmes unies des morts et des vivants, honneur aux sociétés qui t'ont honoré ! Malheur aux époques de décadence où la maison n'est plus rien que quatre murs derrière lesquels on naît, on souffre et on disparaît ! Aussi, n'apercevant plus Dieu dans le ciel, ne voulant plus de roi sur la terre ; ne voyant plus leurs grandes images assises au foyer de la famille, en perdant ainsi le sens profond et sacré de la paternité, notre humanité s'est misérablement amoindrie. L'homme moderne est un orphelin.

Maison Barberania, à Ustaritz, en Labourd (dessin de F. Corrèges).

LA MAISON BASQUE

—

I

Connaissez-vous le pays Basque? C'est une contrée d'un charme étrange, d'une grâce intime et toute humaine, qui entre dans le cœur dès qu'on y met le pied. La nature a renoncé ici aux sublimes architectures qu'on découvre encore dans les bleus lointains : voulant fixer un songe fleuri de printemps, elle se fait peintre et régale nos yeux d'une série d'aquarelles fraîches et lumineuses qui nous laissent l'impression d'une Suisse peinte sur miniature, avec des pinceaux trempés dans un rayon de soleil. Dès qu'on y est, on s'aperçoit bien vite que l'Épopée des Pyrénées (avec le Feu et l'Eau pour personnages) est arrivée au dernier chant. Les éclats de la grande voix dans le tonnerre des torrents et des avalanches ne s'entend plus ici. L'air résonne du son des chalumeaux, des trilles dans les grands bois, du frais murmure de l'eau qui jase sous le cresson. La nature basque n'écrase pas l'homme par cette solennité terrible des sites, qui met ailleurs le paysage à la hauteur d'une tragédie d'Eschyle; elle ne l'irrite pas en l'humiliant, mais doucement l'attire sous l'ombre fraîche de ses buissons, pose sous ses pieds un tapis de velours et, lasse de chanter, semble lui dire : « Maintenant, causons. » On croirait à une lune de miel entre elle et lui, tant les choses semblent toutes amoureusement arrangées : ici jaillissent des bouquets de collines aux bois touffus qui en voilent les sommets; là les coteaux s'arrondissent mollement ou bien se creusent, s'évident avec une grâce infinie comme le bord d'une coupe, et déversent jusqu'au fond des vallées des torrents de verdure, qu'empourpre la bruyère, que dorent les genêts. De jolies petites prairies encadrées de haies fleuries, à l'herbe épaisse et douce comme une fourrure du Nord. Les vallées sont des mers toutes vastes d'où émergent quelques îlots de cultures: des champs de maïs aux quenouilles satinées gonflées de fils soyeux; des champs de froment; des linières dont l'air agite gracieusement les clochettes de gaze bleue. Au fond des gorges étroites, sur des lits de cailloux roses et bleus, courent prestement les petites rivières basques, remplissant l'air de frais éclats de rire, emportant dans leurs robes diaphanes des truites fines et dorées comme des couteaux catalans. Ici l'eau bleue s'étale immobile et tiède dans de jolies vasques de rochers moussus; plus loin elle glisse, bondit, fuit entre de hautes parois de schiste, luisantes comme des miroirs bruns, que peignent la bruyère rose, la bleue gentiane, le géranium sauvage, que plaquent çà et là des fougères fines et délicates comme du verre filé.

A mesure qu'on se rapproche des côtes, la nature devient grave, austère, se recueille, en présence de ces trois infinis qui de tous côtés l'accablent : le ciel, la montagne, l'océan. Les arbres sont de plus en plus rares, souffrent, se courbent avec terreur, se collent contre terre. Le mouton, dont le vent soulève la toison, broute le maigre gazon des dunes, tapis jauni, usé jusqu'à la trame, troué par places. Les hautes parois, partout fendues, des falaises se dressent comme des fronts plissés, qu'inquiètent cet incessant appel, ces cris, ces rages qui montent de la mer se tordant à leurs pieds; les vagues de cette mer se brisent sur le sable avec un bruit sinistre de chaînes qui traînent misérablement. Là bas, au loin, entre le ciel et l'eau, comme une forge vue dans le délire dont chaque étincelle s'élevant vers le ciel deviendra une étoile..., c'est le soleil qui peu à peu s'éteint et finit par s'abîmer dans la mer. Derrière les dunes aux grandes ondulations d'un océan desséché, s'étendent les sombres nefs des pignadars sans fin. Çà et là, sur un monticule de sable aride, qu'embaume le pâle œillet et le thym, pose quelque arbre solitaire, qu'on admire alors dans toute sa beauté mélancolique et sévère. Le pin lance d'un jet dans le ciel bleu, son tronc ferme et nu aux écailles empourprées comme la colonne d'un candélabre, d'où partent vers le sommet des branches horizontales portant de lourds paquets d'aiguilles, au milieu desquelles brûlent doucement, dans le vert profond, des cônes de bronze doré.

Les soirs d'été dans ce pays ont une douceur infinie. Ils donnent envie de prier. On se sent poussé par des mains invisibles dans la vieille église, aux grands murs blancs, au porche bas et sombre sous lequel tant de morts ont passé, s'y arrêtant un moment comme au seuil de l'éternité. L'église est placée entre le cimetière et le couvent.... tout percé de cellules. On dirait une ruche de pierre, où les âmes font leur miel. Il n'y a personne — et tant de monde pourtant, si nos yeux pouvaient mieux voir !.... Étranges senteurs des lieux où l'on a beaucoup prié.... Un grand apaisement en nous — après des envies de pleurer. Il semble que nous nous dépouillons de notre *peau morale;* que nos âmes sortent de ce monde européen, aux doutes énervants, d'incessantes inquiétudes, de puériles ambitions et que nous retournons en Asie, dans cette Asie d'où nous sommes partis pour venir ici, il y a si longtemps, si longtemps; dans ces contrées aux horizons sans fin, aux belles lignes calmes, aux saintes immobilités, qu'éclaire cette lumière étrangement intense qui bénit ce monde pour ainsi dire sacré, où le Christ est né, où il est mort et qui, pour cela peut-être, est à la fois comme une promesse et une purification.

Dans les cimetières basques, les fleurs foisonnent autour des tombes.; les larges mauves roses, les glaïeuls rouges, les lis blancs et les lis jaunes, et, le long des murs, les roses trémières qui lancent dans l'air leurs longues tiges enrubannées. On dirait que dans le parfum des fleurs on veut respirer l'âme des êtres aimés. Tout est doux dans ce pays, jusqu'aux choses tristes. Les pierres des tombes semblent peser sur les pauvres morts moins lourdement qu'ailleurs. Le soir, à travers les buissons de roses, glacées d'or tendre par les derniers rayons du soleil couchant, on sent passer des brises emplies de bruissements étranges et discrets, — des chœurs d'anges, à cette heure empourprée, venant murmurer des paroles mystérieuses autour des fleurs et des tombeaux.

L'âme de la contrée est la lumière, et c'est l'été qu'a lieu sa fête éblouissante. Tout, longtemps d'avance, prépare son triomphe. Dans les ateliers mystérieux sous terre, se tissent les étoffes merveilleuses des fleurs et des fruits, se préparent les substances magiques d'où sortiront les dentelles du lierre, le filigrane des mousses et des lichens, le tissu des voiles diamantés des aubes virginales. Dès le printemps, vêtu du blanc muguet, pommadé de tilleul et de thym, une branche d'amandier rose sur l'oreille, le joli mois de mai paraît tout souriant sur le seuil du royaume enchanté et, bientôt, aux sons des violes et des flûtes, cachées sous la feuillée, commence la radieuse féerie qui durera trois mois. Un fleuve de pourpre, d'ors et de pierreries descend du ciel parmi les flamboiements mystiques sur toutes les choses à la fois. Mais c'est plus qu'un fleuve, c'est une mer prodigieuse de lumière pacifiante, sanctifiante; si pure, d'une si indéfinissable beauté, qu'on croit sentir sur la terre la présence réelle de Dieu. Une joie immense éclate en fleurs, en feuilles, en chants. La vie partout se rallume. On dirait qu'un nouveau pacte d'alliance va relier la terre au ciel et sur le bleu firmament, en foi de son amour, que Dieu appose le soleil comme un sceau.

C'est un gracieux aspect que celui des villages basques, placés en relief au faîte des mamelons, comme un campement, ou déroulant à mi-côte d'une colline, entre des bouquets de chênes ou de châtaigniers, le long chapelet de leurs blanches maisons couronnées de gaies toitures en tuiles rouges et sur

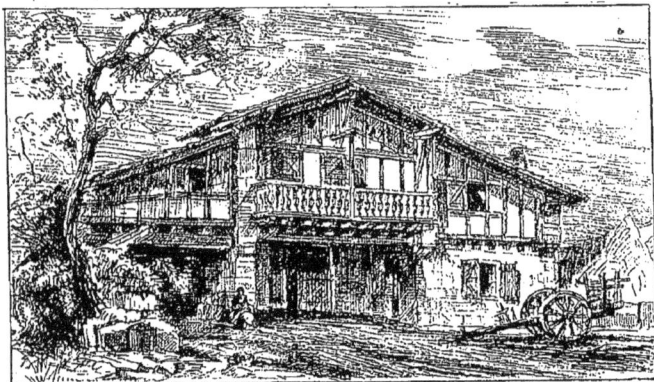

Maison Agoreta, à Ustaritz, en Labourd (dessin de F. Corrèges, d'après une photographie de M. le comte de Montebello).

les façades desquelles s'étend un réseau de poutrelles peintes en jaune, en brun, en vert. A l'extrémité, comme une sentinelle avancée qui surveille l'éternel ennemi, s'élève le clocher triangulaire et trapu de la vieille, vieille église qui monte péniblement vers le ciel, comme s'il portait dans ses pierres les supplications des morts et des vivants qui gisent à ses pieds. Heureux villages, sans noms de rues, sans « Place de la Liberté, » sans pavés, sans réverbères, — j'allais dire, sans maire; mais rien n'est parfait ici-bas! Pas de voitures qui ébranlent les vitres, pas d'insolents coups de fouet cinglant

l'air comme des serpents irrités; des rues tranquilles, silen-
cieuses, ensoleillées; des chemins plutôt, bien entretenus, et
que bordent des maisons venues là on ne sait comment. Le
Basque, en effet, n'aime pas les foules. Les entassements
humains dans ces carrières de pierre, qu'on appelle des villes,
répugnent à ses mœurs sérieuses, solitaires, réservées, fami-
liales. L'agglomération est, chez lui, toujours un accident.
Quinze ou vingt maisons, séparées, jetées dans des exposi-
tions diverses, constituent un *quartier* : se rapprochent-elles
davantage, le village est formé. Celui-ci emprunte toujours
son nom à quelque particularité du sol, de la végétation. *Bidart*
veut dire entre les chemins; *Boustingorry*, sur l'argile rouge;
Mendionde, au pied de la montagne; *Urrutia*, près des
sources; *Biarritz*, les deux chênes; *Bayonne*, la bonne baie.

Les maisons dans les villes basques ne sont pas, comme
ailleurs, des boîtes uniformes que l'on distingue entre elles par
le numéro. Ce sont beaucoup plus que des choses, ce sont
presque des personnes, munies de droits, tenues à maint
devoir, ayant un état civil inscrit au-dessus de la porte[1] et
qui, au lieu de recevoir leur nom du propriétaire, lui donnent
le leur. On est Jean d'*Eliçabide* (sur le chemin de l'église);
ou Marianne d'*Ithurralde* (à côté de la fontaine)[2]. Un air de

[1]. Ces légendes, gravées dans la pierre du linteau, sont souvent fort
longues, donnent la date de la construction, les noms des premiers propriétaires, indiquent par des dessins, ou autrement, leur profession, et sont
presque toujours précédées des monogrammes de Notre-Seigneur, de la
sainte Vierge, etc., dont la protection est pieusement invoquée.

[2]. Cet usage est tellement répandu, qu'aujourd'hui chacun a presque toujours deux noms; tel propriétaire ou fermier, qui sera *Dihursubéhère* (au
bas de l'étang plein de joncs), pour l'état civil, est généralement connu dans
le pays sous le nom de *Goyenetche* (maison au-dessus d'une autre), parce que
cette appellation est celle de la maison qu'il habite (*Les Basques et le pays
Basque*, par J. Vinson. Paris, 1882). Les Basques n'ont pas de particule dite
nobiliaire. De l'usage de porter le nom de la maison est venu celui de mettre
devant celui-ci un *d* qui a fini par en faire partie intégrante; *Ugalde* n'est, par
exemple, qu'une variante de *Uhalde*, très souvent écrit *Duhalde*, et qui signifie
« à côté de l'eau. » Consultez sur ce sujet : *Coleccion alfabética de apellidos
vascongados, con su significacion;* par don J.-F. de Irigoyen. S. Sebastian,
et l'ouvrage sur les noms de maisons dérivées du mot *sagarra*, pomme.

famille les rattache toutes à la même langue, mais chacune la
parle avec un accent particulier et possède une physionomie
bien distincte. Arrêtons-nous dans cette rue et déchiffrons les
titres de quelques-unes de ces personnes de pierre et de mortier. Par exemple, ce qui caractérise celle-ci c'est le bon sens,
cette habitude du possible, et la sincérité, cette habitude du
vrai. La brique n'y simule pas la pierre ; le fer ressemble....
à du fer. Dans cet organisme chaque fonction a été prévue, la
circulation de l'air, l'absorption de la lumière ; — phénomène
frappant par les modes d'architecture qui courent. On s'a-
perçoit que ces portes ont été faites pour s'ouvrir et pour se
fermer ; ces fenêtres pour donner du jour ; que ce toit abrite ;
que cet escalier permet de monter et de descendre sans se
casser le cou. La maison à côté est une parvenue. C'est une
sotte vanité qui a tourmenté ces balustres, accroché aux murs
ces corniches surchargées de moulures. On est allé « aux
Amériques », ce qui n'est pas un crime ; mais fallait-il nous
rappeler ainsi qu'on en est revenu ? La maison plus loin,
depuis des siècles, appartient à des marchands. Pas de glaces
sans tain ni d'appareils au gaz, ces miroirs à alouettes humaines qui déshonorent les boutiques des grandes villes. Les
grilles sont vieilles, les volets, qu'on abat encore, sont petits.
C'est en les conservant qu'on a conservé la solide fortune
lentement amassée, et, avec celle des écus, cette autre, plus
précieuse, l'estime et le crédit. Les fils ne rêvent pas chacun
une recette générale ; les jeunes filles ignorent Chopin et
vendent de la toile qui s'use moins vite que les immortalités du
jour. Est-elle de cœur bien basque ou mérite-t-elle de l'être,
cette dédaigneuse toute parée de glycines, qui semble poser
derrière une intention de pelouse, plantée d'avortons exotiques ?
Tels détails trahissent des accointances fâcheuses avec des
étrangères, avec de frivoles chalets et de lourds *cottages*
anglais. Toutes se connaissent, causent entre elles, se tutoient,
chaque matin se disent bonjour en ouvrant leurs contrevents
— j'allais dire leurs paupières. Combien d'histoires elles ont

à raconter !... Telle n'a pas toujours été heureuse. On la bâtit avec amour, à l'occasion d'un mariage. Puis vinrent des malheurs, des revers de fortune. Un jour on dut la vendre, la vendre, elle, avec tout ce qu'elle avait reçu, avait aspiré par les pores de ses pierres ; la sueur des vivants, les vœux et les prières des morts. On partit, on émigra. Dans les pampas de l'Uruguay, sur les quais de Montevideo, à quoi rêvait son ami, son *Etcheco-Yauna*... pendant des heures entières?... Le père était sobre, la femme économe, la fille sage, le fils vaillant. Cinq ans, dix ans, quinze ans, vingt ans. Un jour la somme qu'il fallait pour racheter ce doux trésor, se trouva complétée. Joie immense. Lisez ce qu'en dit ce mur : « Ceste maison apelée Gorritia a esté racheptée par Marie de Gorriti, mère de feu Jean Dolhagaray des sommes par lui envoyées des Indes laquelle maison ne se pourra vandre ny engager. Fait en l'an 1662[1]. » Sur le linteau de cette autre, — sur le front assombri d'une maison solitaire et lamentablement ruinée, — j'ai lu ces lignes d'un poignant désespoir, tracées au-dessus d'une croix : « Le temps passée ma trompé. Le présent me tourmente. L'advenir mespouvante. 1707[2]. »

De belles filles — des brunes blanches — se penchent aux fenêtres, échangent mille gais propos avec les beaux gars qui passent dans la rue, fièrement campés, le béret sur l'oreille, le *makhila*[3] au poing. Les bouches rient, les yeux rient, le soleil rit, l'ombre elle-même se prend à rire, les cœurs chantent et on croit entendre là-bas, sous les arbres, les violons qui partent, la *chiula* et le tambourin.

Au centre du bourg se trouve la place du Jeu de Paume. C'est le jeu national : en lui se résument les jeux Olympiques, Pythiques, Isthmiques, Néméens du peuple basque. Les jeunes gens y accourent de toutes les parties du pays, comme les

1. Dans la grande rue d'Ainhoa, en Labourd.
2. Dans le quartier de Haursaïn, à Cambo, en Labourd.
3. On appelle ainsi, le bâton de néflier, cachant dans la poignée une pointe de fer destinée à piquer les bœufs et dont les Basques s'arment toujours, jeunes et vieux; c'est l'ancienne *ezpata* à pique des Biscayens.

lutteurs grecs, s'y préparent dès l'enfance. Là, au gai soleil du Midi, au bruit des applaudissements de tout un peuple, sous les regards ardents des femmes, se jouent des parties homériques entre les champions des villes, entre Basques français et espagnols. C'est plus qu'un jeu de force et d'adresse. C'est une profonde éducation : là, la volonté s'assouplit, l'esprit prend du nerf, le cœur se muscle. C'est un jeu de noble allure, plein de grandeur, un jeu d'hommes libres qui respirent à pleins poumons l'air âpre des montagnes; aussi est-ce le moment héroïque de la beauté basque, celui où elle s'épanouit comme une fleur dans la pleine possession d'une jeunesse qui se croit immortelle. Les attitudes, les gestes, les mouvements rappellent les bas-reliefs et les dessins des vases antiques. Sveltes et légers sont les joueurs, d'une grâce virile, le torse robuste, mais souple en sa vigueur, les bras nus d'un jet superbe, les jambes ailées, les yeux flambants du vin de la jeunesse. Sculpteurs français, que ne laissez-vous ces éternels types grecs, qui sont morts avec le culte qui leur donna naissance, pour regarder ces jeunes Hercules, ces Antinoüs un peu agrestes mais si vivants, coulés non plus en bronze, mais dans cette chair basque, ferme, fine et dorée qu'ont pétrie le soleil et la liberté?

L'homme, à ce jeu, se montre tout entier. Lorsqu'il va lancer la balle, tout son être afflue dans sa main. C'est son cœur qu'il coud au cuir de la vivante « pilota ». Elle est comme un crayon animé qui dessine dans l'espace le contour de sa changeante passion. Tantôt, violente, irritée, elle part sifflante, rasant le sol, cherchant une poitrine, plutôt qu'un mur : tantôt, sous l'impulsion d'une pensée sereine, elle décrit dans l'air immobile une immense parabole d'une courbe hardie et majestueuse comme celle d'un dôme indien. Tout se passe gravement, dignement, sans bruit et sans disputes. On n'entend que le bruit sec de la balle sur la *chiztera*[1]. Des

---

1. Gantelets en osier qui remplacent aujourd'hui l'*escu-larrua*, ou gant en cuir.

torrents d'applaudissements soulignent les coups heureux, auxquels succèdent de longs silences, qu'interrompt par moments une voix lente et monotone comptant les points. D'une antiquité au moins égale à celle des danses astronomiques des Euskariens primitifs, ce jeu n'a-t-il pas été, lui, aussi, une pantomine mystique figurant quelque grand phénomène sidéral de sens divin?

Dans les villes, la maison, par plus d'un côté, appartient un peu à tout le monde. La ville n'est qu'une agglomération de chambres ouvrant sur des couloirs qu'on appelle des rues.

La maison des champs est une île de pierre.

On dirait la première bâtie pour le temps et la seconde pour toujours. La première rappelle la tente. La seconde, la forêt. Ces poutres, ces poteaux enfoncés en terre pourraient reprendre vie, s'enchevêtrer avec les racines des chênes, qui sont de même famille et poussent à côté....

Nous avons quitté le village, non sans remarquer les jardinets derrière les maisons, qui, chargés de fleurs, de beaux fruits, de légumes, descendent en terrasses jusqu'au bord de l'eau. Chaque maison a le sien. C'est un peu de verte fraîcheur dans son existence agitée, ou sainement monotone. Laissons la grand'route traversant le village, comme un signet posé dans un livre, et prenons ce frais sentier qui grimpe à l'ombre des grands châtaigniers.

C'est l'été. La fête de la chaleur. Les arbres exténués font la sieste et rêvent d'oiseaux et de brises fraîches. Au-dessus de nos têtes, sur le bleu lac du firmament, flottent paresseusement de grands nuages blancs, comme des bandes de cygnes endormis. A droite et à gauche, des prés inondés de fleurs. On plongerait jusqu'aux genoux dans ces flots de hautes herbes qui exhalent des senteurs vitales, capiteuses. Mille fleurs sauvages émergent : l'orchis-vanille, les saxifrages, les mélilots, la digitale pourprée. Si délicates sont les nuances, de vibrations si douces et à la fois si intenses, qu'on cherche un son dans leur parfum et qu'on se prend à rêver de pays inconnus où les fleurs n'ont pas le silence d'ici-bas....

A mi-côte, sur un plateau de gazon qui lui sert de piédestal, rayonnante de blancheur dans sa grâce rustique, est posée la maison. Haute, de forme allongée, étroite, avec son toit à peine incliné, son ossature de bois, on dirait la carène d'un navire échoué, ou bien une nef d'église ébauchée, puis, décidément terminée en maison. Dans la cour une grange bondée de ce foin exquis et délicat que le soleil parfume, qu'imprègne de vie l'air ailé des hauteurs : une *borde*, à côté, servant de bergerie, d'étable et d'écurie, où vaches, moutons, chevaux, enfouis dans l'ajonc frais, dorment et rêvent, — bêtes douces et heureuses, — par la famille choyées, aimées.... un peu plus, comprises[1]. Au delà un bois, sacré peut-être jadis...., sans lequel il est peu de maisons, lieu de réunion de la famille, des serviteurs, pendant les longues soirées d'hiver. Derrière la maison un grand verger. Au printemps, c'est un éblouissement de neige blanche et de neige rose. Pommiers, poiriers, amandiers, revêtent leurs jolies robes de fiancées. L'oiseau de son ongle les rase-t-il en volant, il en tombe une pluie d'argent. Non loin, le potager aux plates-bandes fleuries. De la prose si vous voulez, mais non dépourvue de grâce et de noblesse pour qui la sait comprendre et dont le trait éminent est une richesse de vie, une bonté, très rares dans les classes plus aristocratiques du royaume végétal. Dans un coin, une charmille de rosiers et de chèvrefeuilles, sous laquelle il fait une nuit verte, odorante. Là-bas, de l'autre côté, des murs bas frangés de pariétaires, s'étendent des champs de maïs, puis des

---

1. J'étais d'abord tout à fait dérouté en entendant raconter les « contes d'animaux » tant les conteurs étaient convaincus qu'il y avait un temps où les animaux parlaient; mais je ne comptais pas voir des faits analogues figurer gravement dans un code législatif comme ils figurent dans les fueros de Navarre et d'Aragon. Les animaux y sont sérieusement regardés comme moralement coupables d'homicide, etc., tout à fait comme s'ils jouissaient de la raison et s'ils étaient sous l'obligation de la responsabilité morale. W. Webster, légendes basques, *Bulletin de la Société des sciences et arts*. Bayonne, 1885.

champs de blé, des vignes, des prairies artificielles, partout
la lutte héroïque et les victoires de la volonté de l'homme.

Du côté du nord, en signe de l'éternel veuvage du soleil, la
maison est tristement drapée d'un lourd linceul de lierre. Au
midi, par contre, les murs rient aux éclats sous une inondation
de verdure fraîche et gaie. A l'assaut de la vieille maison
s'élance une vigne ardente, ivre de soleil, qui l'étreint de ses
bras noueux, pose partout des mains nerveuses, délicates,
transparentes, envahit l'autre façade, qu'elle veut escalader
aussi et s'accroche aux balcons, d'où, enfin, elle retombe

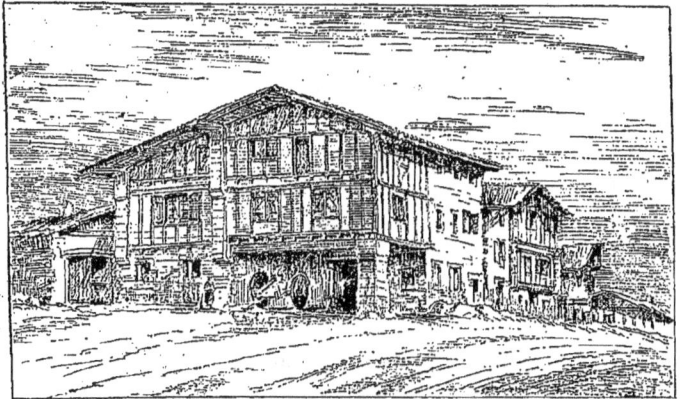

Maison du Bas-Cambo (Labourd) (dessin de F. Corrèges).

épuisée dans le vide, traçant de ses festons de fines arabesques
sur le sol lumineux.

La maison à l'origine était toute en bois. Trois façades,
aujourd'hui, sont livrées au maçon. Le charpentier, ce poète
des nids humains, n'a plus guère qu'un étage, tourné vers le
levant. Un grand balcon de bois, au-dessus de l'entrée, profile
sur le mur les ombres maigres de ses grossiers balustres,
noircis par le temps. Sur l'appui vermoulu végètent quelques
touffes de sombres capillaires entre lesquelles des pigeons,
d'une blancheur éclatante, font l'effet d'une rangée de gros

magnolias en bouton. Les maisons modernes ont souvent deux
étages; les anciennes, bien plus originales, n'en ont qu'un.
Celles-ci ont leur entrée par un porche, — *Iorio azpia*, en
basque — ou, plus exactement, par un grand vestibule voûté,
bas, sombre, dans lequel, comme en une vaste caverne,
s'engouffrent des masses d'ombre, qu'un grand rayon de
soleil, coupe dans l'angle, comme une faux d'un or étincelant.
La maison est une figure irrégulière à quatre côtés, qui a
pour centre une cour voûtée, au sol en terre battue. C'est
l'aire, en basque l'*escaratza,* dans laquelle on bat le froment,
on épluche le maïs. On y entre par la porte charretière au fond
du vestibule. Il y fait une nuit brune, que rayent les petits jets
de lumière filtrant par les fentes des gros madriers. Dans un
coin, un escalier, ou plutôt une échelle, qui accède aux greniers.
Les grands murs rougis par des esquilles de briques, les pieds
émeraudés des humidités verdâtres suintent l'humidité des
siècles qui ont vu tant de moissons rentrées, chantent les
gaietés folles autour du maïs, autour des monceaux de topazes
dans lesquels plongent de beaux bras blancs, des mains trem-
blantes de force et de jeunesse. Derrière, et sur toute la largeur
de la maison, s'étend souvent l'*abérétéguia*, l'étable. Le
vestibule à gauche et à droite ouvre sur les pièces d'habitation.
A droite sont celles du vieux ménage des propriétaires *ré-*
gnants, de l'*Etcheco-Yauna*, le seigneur de maison, et de sa
femme, l'*Etcheco-Andrea,* la dame de maison; l'aile gauche
est consacrée au jeune ménage des propriétaires présomptifs,
les *Etcheco-Premua*. Chaque ménage a sa cuisine; cependant
les anciennes maisons (mœurs plus patriarcales!) n'en avaient
qu'une; c'est celle que l'on distingue aujourd'hui de l'autre,
en l'appelant *zahar sukhaldea, la cuisine des vieux.* Un mur
sépare ainsi deux générations qui, vivant côte à côte, font une
double vie à la maison. Là c'est la jeunesse, qui ouvre la vie
à deux battants; ici, la paix d'une belle soirée d'automne est
le prix d'une existence active et saine, toujours tournée vers
Dieu. Au fond du corridor de la demeure des « jeunes », près

d'une croisée mi-close, au-dessus de laquelle des rosiers courbent et croisent leurs branches fleuries, embaumantes; dans l'ombre légère, tendrement lumineuse, où tombent leurs vagues reflets roses, sourit heureuse la jeune Basquaise dans l'aube rayonnante de sa maternité. Le cœur gonflé d'une joie grave et sainte, voyez la se pencher sur le mignon berceau, grand œuf de bois entr'ouvert, qui repose à ses pieds. De blancs rideaux, légers comme des ailes d'anges, l'enveloppent de tous côtés. Comme elle retient son souffle pour écouter ravie ces bruits d'enfant qui dort, gazouillements d'oiseau, confus et doux, pour contempler la lumière surnaturelle qui passe sur cette suprême innocence comme un reflet de la majesté de Dieu! ..

Entrons-nous chez « les vieux », les choses sont autres, ne chantent plus, semblent prier. Chaque heure referme une porte qui ne se rouvrira plus. Les marches usées crissent, les poutres enfumées des plafonds plient comme des vertèbres affaiblies par l'âge. Dans sa boîte de momie, la vieille horloge s'agite et son petit cœur de cuivre bat d'un mouvement monotone, lent et régulier; tic-tac, tic-tac, elle a sonné tant d'arrivées; tic-tac, tic-tac, elle a sonné tant de départs! Quelle suprême ironie se cache sous cette indifférence des choses! — S'il est vrai qu'il n'y a là que *des choses?*...

Dans son humble royaume va et vient, doucement grave, la « dame de maison ». Les vieilles armoires au linge, sur son passage, s'entr'ouvrent et exhalent leur âme de lavande et de romarin. Les casseroles et les chaudrons lui sourient à travers l'éclat du cuivre; les plats et les assiettes peintes, strictement alignées derrière les barreaux du *basheraleguia*[1], se tiennent au port d'armes. D'une main un peu tremblante, elle ouvre, range, époussette l'un après l'autre les lourds bahuts, ces arches saintes, où sont pieusement gardés les trésors du passé — du passé qui ne passe jamais. — Ce sont reliques du cœur, le petit bonnet d'enfant, de l'enfant qui, devenu homme, s'en

1. Le vaisselier.

alla aux Amériques et dont on n'entendit plus parler...; le cierge béni, jauni par le temps, noirci par la fumée, à moitié usé, qui a si souvent brûlé devant ceux dont la tête branle et fait signe au Maître qui appelle..., ces mille riens qui sont des lambeaux d'âme qu'on peut toucher.

Les pièces sont grandes, ensoleillées, d'une propreté extrême, si jamais la propreté peut être extrême. Au chevet de chaque lit, un crucifix étend ses bras d'ivoire au-dessus d'un bénitier où trempe une branche de buis, et non loin, comme il convient, doucement rayonne l'image toute blanche de Notre-Dame

Intérieur de maison basque (dessin de F. Corrèges).

de Lourdes, la mère divine qui tressaille avec toutes les mères, — avec la mère qui est en chacun de nous.

C'est la cuisine, la belle et vaste cuisine basque, qui est la pièce principale de la maison. La cuisine? oh! ne la dédaignez pas. Derrière ces voiles épais de pierre et de mortier, se cachait jadis, dans ce pays, un autel sacré, aux augustes mystères, et aujourd'hui un autel non moins sacré s'y élève, le foyer domestique qui, depuis vingt siècles, porte la société basque, la plus forte et la plus saintement constituée qui ait été ici-bas. Ne parlons pas non plus légèrement des repas qui s'y préparent, quoiqu'ils aient cessé d'être l'acte le plus religieux de la famille. Ils sont sanctifiés par la pieuse reconnaissance d'hommes simples et droits, qui y voient le prix et la bénédiction du travail, la plus mâle et la plus précieuse des expiations. Vous ne savez pas tout ce que contient et suggère de joies douces et intimes, d'apaisements et de pardons, de graves enseignements et d'encouragements à la vie, cette petite flamme du foyer, qui resplendit chaude et brillante comme un minuscule soleil au milieu de cette nuit de charbons, de branches noircies, d'ombres brunes de meubles et de poutrelles enfumées. Saluons le foyer basque, près desquels le mot si froid des égoïsmes modernes, la philanthropie, est remplacé par cette extension de nous-mêmes, la charité. Le pauvre, ce blessé de la vie, y trouve toujours un abri, et du pain que lui font mieux goûter encore quelques paroles venues du cœur; l'hirondelle, non loin, accroche son nid et lui confie son petit ménage. Saluons le père basque chef, pontife et magistrat, initiateur au culte de Dieu, qui nous rend forts, et au culte du travail, qui nous rend vrais et sérieux; découvrons-nous devant la mère basque, l'ange gardien du foyer, l'associée du père dans l'œuvre sainte qui fonde des hommes se tenant debout devant l'homme, courbés presqu'à terre devant Dieu; devant cette mère qui est la sœur aînée de ses filles, le confesseur de ses fils; la noble *Etcheco-Andrea*, « la dame de maison », reine, par la grâce du cœur, de l'humble et cher royaume; reine qu'ont sacrée la dignité de toute une vie, la sagesse des conseils, le patient courage de toutes les heures, reine en vérité, dont les anges voient doucement briller dans l'ombre la double couronne chrétienne d'épouse et de mère!...

14 510 — Imprimerie A. Lahure, 9, rue de Fleurus, à Paris.

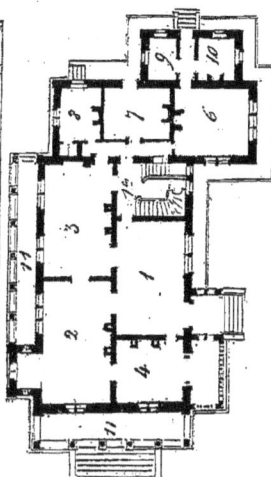

22. Villa Winburner à Biarritz

II

Les Basques ne seraient-ils pas les vestiges — les ruines humaines — du grand monument de la civilisation turdétane que
les Atlantes élevèrent dans le Midi de l'Espagne ? Ne seraient-ils
pas, ou bien ne furent-ils pas à l'origine une branche de la grande
race touranienne ?

Quittant avant les Sémites et les Aryâs la région qui entoure
le plateau de Pamir, les tribus caïnites de Touran se séparèrent
en deux rameaux, se dirigeant l'un vers l'Orient, l'autre vers
l'Occident. Les Touraniens orientaux fondent l'empire chinois
et, parvenus en Amérique, y forment de puissantes sociétés au
Mexique et au Pérou. Les Touraniens occidentaux s'établissent
sur les bords du Tigre et de l'Euphrate, bâtissent les cités merveilleuses de la Chaldée, de l'Assyrie, franchissent l'isthme de
Suez et créent en Egypte le foyer d'une civilisation, dont la
découverte, relativement récente, nous a remplis d'étonnement
et d'admiration. Puis, suivant les côtes septentrionales de l'A-
frique, d'où ils jettent des colonies en Grèce et en Italie, les
Touraniens d'Occident finissent par rejoindre leurs frères dans
l'Atlantide, où avec des éléments américains, asiatiques et afri-
cains se forme le quatrième grand foyer de la race touranienne
des temps primitifs (1).

(1) L'unité ethnique des peuples touraniens, est un fait acquis à la science,
grâce aux travaux des Rask, des Castren, des Max Müller, Eckstein et
Lenormant. Cette unité, démontrée par la parenté des idiomes, se confirme
chaque jour davantage par l'étude des monuments chez ces différents peuples
(étude si admirablement inaugurée par Fergusson) et par les découvertes de
cette science encore en voie de formation qu'on pourrait appeler la paléontologie sociale. Tous les savants sont d'accord sur ce point que la langue
basque est touranienne : son vocabulaire a pu être modifié, sa grammaire ne
l'a pas été.

2

C'est dans l'Atlantide, sur ce continent mystérieux, qu'un grand cataclysme engloutit, que dut se former la langue euskarienne et que le génie du peuple qui la parlait reçut son empreinte définitive (1). Attirés vers l'Espagne par la réputation de ses

(1) Voici ce que me faisait l'honneur de m'écrire récemment au sujet des origines de la langue et de la race euskariennes, M. A. Maury, membre de l'Institut, un des plus illustres maîtres de la science contemporaine :

« L'origine de l'idiome basque et des peuples qui le parlaient est un problème obscur, qui a laissé jusqu'à ce jour les érudits fort divisés.

Cet idiome n'est manifestement pas indo-européen, et la majorité des savants, comme le prince Lucien Bonaparte, si compétent sur ce sujet, le rattachent à la famille des langues ouraliennes. Malheureusement cette famille, qu'on a appelée aussi tour à tour *touranienne* ou *ongro-japonaise*, n'offre pas, entre ses différentes branches, l'étroite affinité qui s'observe dans la famille des langues sémitiques et dans celle des langues indo-européennes (rameau aryen et rameau iranien). De plus nous ne connaissons en fait les langues ouraliennes que par des formes relativement modernes et il semble que ces idiomes se soient, avec le temps, notablement modifiés. Quoi qu'il en soit, ceux qui s'occupent de basque et de philologie comparée ont saisi des ressemblances grammaticales entre ce dernier idiome et les dialectes qui sont encore parlés en Finlande, en Esthonie et dans la région avoisinant l'Oural. Il ne faut pas oublier, toutefois, qu'on a noté des analogies curieuses et assez saisissantes, quant à la grammaire, entre le basque et les idiomes du Nouveau-Monde. Ces dernières similitudes ne sont pas, au demeurant, en contradiction avec la parenté qu'on admet entre le basque et les idiomes ouraliens. Il est aujourd'hui presque certain que les tribus indiennes de l'Amérique du Nord ont leur berceau primitif dans l'Asie septentrionale, en Sibérie, en Mandchourie, où se parlent encore des dialectes ongro-japonais, lesquels appartiennent à la même formation linguistique que les idiomes de l'Oural et des bords du golfe de Finlande.

Les ressemblances que vous avez relevées entre les institutions et les mœurs des anciens Ibères et des tribus de la famille berbère ou libyque, avaient depuis longtemps attiré mon attention, et je les avais signalées. Je me suis attaché dans plusieurs de mes cours au Collège de France à montrer qu'en Europe, dans l'antiquité, les migrations avaient constamment suivi les mêmes voies, lesquelles étaient les voies naturelles ; en sorte que, pour retrouver l'origine et la direction d'une migration dans un sens, datant d'une époque très reculée, il faut interroger l'itinéraire des migrations plus récentes. Eh ! bien, la migration des Arabes en Espagne, au VIIIe siècle de notre ère,

mines d'or, les Atlantes s'établirent dans l'Andalousie, — dont les
richesses métallurgiques, l'admirable climat et l'abondance des
eaux, leur rappelèrent l'éden qu'ils avaient quitté, — et de là se

doit être la reproduction d'autres migrations venues de l'Afrique. Cette migration, dite arabe, n'était au fond qu'une migration berbère. Les chefs seuls
et quelques tribus avaient une origine sémitique. Le mouvement de l'Islamisme poussa dans la Péninsule des tribus berbères ou touareg que les Arabes
venus d'Arabie et d'Egypte avaient domptées. Les Almohades, qui conquirent
l'Espagne et repoussèrent les Almoravides, à la fin du XIIᵉ siècle, étaient presque exclusivement Berbères et eurent pour chef un Berbère nommé Abou-abd-
Allâh-Mohammed. Il est donc à supposer que fort antérieurement une invasion berbère ou libyque avait eu lieu en Espagne par le détroit de Gibraltar, ce
qui expliquerait les ressemblances que vous remarquez entre les mœurs et
les institutions des anciens Ibères et les Berbères.

Maintenant se pose la question : Sont-ce ces Berbères ou Lybiens qui ont
apporté dans la péninsule hispanique la langue basque, qui aurait été leur
idiôme ? Il faut reconnaître que la philologie comparée ne nous dit rien en
faveur de l'affirmative. On connaît aujourd'hui fort bien les divers dialectes du
berbère (kabyle, touarikh, maure du Sénégal, etc.); ils ne rappellent que par
des analogies assez lointaines l'idiôme basque. D'autre part, ce dernier idiôme,
confiné aujourd'hui dans une région assez limitée au voisinage des Pyrénées,
dans la Navarre, la Biscaye, etc., a dû être parlé lors de la conquête romaine
de l'Espagne dans une grande partie de cette péninsule. C'est ce que démontre l'étude des noms de lieux. Le basque peut donc être considéré comme le
dernier vestige de la langue des naturels de l'Espagne, que les Grecs et les
Romains ont souvent appelés Ibères, nom qui rappelait l'Ebre (Iberus). Quant
à la question de savoir si ces Ibères d'Espagne avaient une parenté avec les
Ibères qui avoisinaient le Caucase, je demeure dans le doute. Il peut n'y
avoir là qu'une coïncidence d'appellation, d'autant plus qu'il n'est nullement
prouvé que la population hispanique primitive se soit donné le nom d'Ibère,
qui a pu lui être imposé par les Carthaginois et les Romains. Je n'oserais
donc pas me prononcer sur les origines ethniques des Ibères d'Espagne. Si le
basque n'était pas leur langue, on ne sait vraiment quel idiôme leur attribuer.
Les quelques mots donnés pour ibères dans l'antiquité paraissent cependant se
rattacher au basque. Rien ne démontre donc à mon avis que les Ibères aient
été des indo-européens, et le contraire me semble vraisemblable. Quant aux
Ibères du Caucase, on a été chercher un reste de leur langue dans le géorgien,
qui n'a rien de commun avec l'arménien (idiôme indo-européen) et se distingue conséquemment des idiômes parlés par les races personnifiées dans la
Genèse par les personnages de *Gomer, Madaï, Tiras, Javan* et peut-être *Tubal*.

répandirent dans le reste de la péninsule. Quant au nom d'Ibères
ne rappelait-il pas l'Ib-er (en basque *le fleuve brûlant*), c'est-à-dire
le Gulf-Stream qui entourait l'Atlantide comme d'une rivière
de feu (1) ?

La race touranienne descend de Caïn. Son génie porte les traces de la colère divine. Ce qui domine dans sa religion, c'est l'idée
de châtiment, du plus grand de tous, la mort. C'est une seconde
existence qui sert d'expiation. Elle a lieu soit par la transmigration, soit, plutôt, par les mille tortures d'une vie souterraine en
lutte perpétuelle avec l'horrible nuit et la terreur de privations de
toute sorte. En enterrant un corps on y met quelque chose de
vivant qui toujours, toujours, aura soif, aura faim, aura froid.
Malheur à ceux qui l'oublient, le négligent ! Le mort, devenu

Si le basque n'était pas l'idiôme original des Ibères d'Espagne, ceux-ci
l'auraient reçu d'une population antérieure que l'on rattache à la famille
ouralienne. Mais nous n'avons sur cette migration supposée et très ancienne
aucun renseignement et nous ne remontons pas plus haut que les Celtes pour
les migrations descendues du Nord dans la péninsule hispanique. Assurément
les Ibères auraient pu perdre en Espagne leur idiôme primitif comme les
Celtes, les Suèves, les Goths, les Vandales, perdirent le leur. Aucun témoi-
gnage ne peut être cité à cet égard. On croit généralement aujourd'hui que
le basque n'a été parlé dans quelques cantons au nord des Pyrénées qu'au
v° ou vi° siècle. Cependant la forme de certains noms de lieux de l'Aquitaine
et des bords de la Méditerrannée au nord des Pyrénées, accuse déjà la présence de gens parlant basque dans la région pyrénéenne de la Gaule dès
avant le commencement de notre ère. Il semble bien que, cantonné comme il
l'est aujourd'hui, le basque ait peu à peu été refoulé dans l'ancien pays des
Vascons, qui auraient été ainsi les plus fidèles à l'indépendance nationale ».

(1) On sait que la grande île, ou plutôt, le continent de l'Atlantide est
une tradition qui date de la plus haute antiquité ; qu'il en est fait mention
dans Homère, Hésiode, Euripide ; que Platon lui a consacré deux dialogues,
le Timée et *le Critias ;* que les géographes grecs y croyaient tous, et que, dans
les temps modernes, elle a eu pour défenseurs un grand nombre de savants
tels que Buffon, Bory de Saint-Vincent, Tournefort, Mentelle, Boër, etc. Plus
récemment encore, M. Gaffarel dans ses *Etudes des rapports entre l'Amérique et
l'ancien continent*, et don Pedro de Novo y Colson dans le *bulletin de la Société
de Géographie de Madrid*, juillet 1879, ont repris l'étude de cette attrayante
question, et leurs affirmations en faveur de l'Atlantide nous paraissent difficiles

dieu, se venge, tourmente, punit terriblement. Le sert-on fidèle-
ment, constamment, le mort récompense la piété, accorde
santé, richesses. La religion n'a pour but que l'apaisement, la
propitiation. Les morts sont des dieux envieux, irritables, sans
attachement ni bienveillance, n'aimant pas l'homme, par l'homme redoutés. Encourir leur haine est la grande inquiétude.
Toute la vie se passe à les apaiser, « paces deorum quœrere ».
Le plus sûr moyen de les contenter, sans parler des sacrifices
humains, des repas et des libations, est l'emploi de certaines
formules de la sorcellerie, de certaines incantations, de certains
rites magiques. Le culte des ancêtres est le fond de la religion
touranienne et a engendré les institutions domestiques des peuples de cette race, les principes de leur droit privé, leur concep-
tion de la morale, la forme de leur gouvernement. La vie souterraine était l'objet constant de leurs méditations. La métallurgie,
si caractéristique de cette race, naquit de cette constante préoccupation, de ces croyances. A leurs yeux, la vie était entretenue
par le soleil, corps lumineux uniquement formé d'éléments miné-
raux et cette vie minérale, source de la vie animale, se conserve
dans les entrailles de la terre. Cette vie minérale persiste toujours
et se manifeste par un reste de la température initiale des astres,
par les éruptions volcaniques, la formation et la disparition des
montagnes et des îles, les tremblements de terre, etc. Chaque
métal a une vertu particulière, correspond à une planète, est
attribué à un dieu : l'or au soleil, l'argent à la lune, le fer à
Mars, le cuivre à Vénus, le vif-argent à Mercure, le plomb à
Saturne, l'étain à Jupiter. Nous retrouvons chez tous les Touraniens l'adoration des divinités chtoniennes, toutes puissantes
sur le monde des génies et des démons, comme la « dame de
l'abîme terrestre », le « dieu du feu », le « fils de la pierre », si

à réfuter. Le sujet de l'Atlantide a inspiré un des poèmes les plus remarquables de notre époque, La Atlantida, écrit en catalan par Jacinto Verdaguer,
qui a bien voulu m'en envoyer un exemplaire. Mistral assure que « despièi
Miltoun et despièi Lamartine, degun vié trata li tradicioun primourdiarlo
do mounde emé tant de grandour é de puissanço »,

souvent invoqués par les magiciens et qu'on retrouve « au milieu des dieux des richesses de la terre et du travail qui met ces richesses aux mains de l'homme » (1). Posséder des métaux, c'est posséder la vie, la santé, c'est disposer de la puissance divine, c'est l'arracher à la terre, monde hostile, siège du mal, lieu d'expiation.

C'est pourquoi la recherche des métaux était regardée non pas seulement comme le moyen d'obtenir un accroissement de richesses, mais de plus et surtout comme un grand devoir pieux, rattaché étroitement au culte des morts, des ancêtres.

Or l'Espagne était dans l'antiquité ce que l'Amérique devint plus tard pour les Européens, un eldorado. Les auteurs classiques parlaient de ses mines dans les termes les plus hyperboliques. Lorsque les marchands tyriens abordèrent en Andalousie, le Tarshish de la Bible, ils furent éblouis par l'abondance des métaux précieux ; les mangeoires des bestiaux, les ustensiles de ménage étaient fabriqués avec ces métaux (2) ; le soc des charrues était en or ; les Phéniciens, après avoir chargé leurs vaisseaux d'argent, enlevaient le plomb de leurs encres et le remplaçaient par ce métal (3). Le palais de Salomon était rempli de vases d'or rapportés d'Espagne (4). Ces mines tournaient toutes les têtes à Rome y excitant la « profunda avaritia », dont se plaint Pline dans son xxxiiie livre. Les fleuves d'Espagne roulaient l'or en paillettes brillantes dans leurs sables et le nom basque de ce métal, *urbe*, viendrait de l'eau, *ur*, pour cette raison.

Les Atlantes, métallurgistes comme tous les Touraniens, s'établirent d'abord dans la région la plus riche en mines de l'Espagne, dans le midi, la Bethuria (de *Bethi*, toujours, et *ur*, eau, par allusion aux fleuves et aux sources qui fertilisaient cet élysée

----

(1) Baron d'Eckstein, *Athenæum français* du 19 août 1854. — F. Lenormant, *Premières civilisations*.

(2) Strabon, III, 224.

(3) Diodore de Sicile, v, 358.

(4) Rois, III, X, 21, 22.

des Ibères) (1). Ils s'y rendirent de l'Afrique où ils séjournèrent
très longtemps. La civilisation qu'il introduisirent en Espagne
était commune à tous les peuples de souche touranienne, et c'est
elle qui bâtit la maison. Pour connaitre celle-ci, il faut donc rappeler les traits généraux de cette société et en signaler les vestiges qu'on retrouve encore dans les coutumes et les usages des
Basques modernes. Faisons-le le plus rapidement possible et en
serrant le sujet le plus étroitement.

La société touranienne reposait entièrement sur la famille
et la famille sur le culte des ancêtres. La croyance fondamentale
qui avait donné naissance à ce culte était que, née avec le corps,
l'âme, après la mort, restait associée à lui, s'enfermait avec lui
dans le tombeau. Les rites de la sépulture le démontraient claire-
ment. Ainsi « c'était une coutume, à la fin de la cérémonie
funèbre, d'appeler trois fois l'âme du mort par le nom qu'il
avait porté » (2). Ce même appel retentissait hier sous la voûte de
l'Escorial, à l'enterrement du roi Alphonse XII. On écrivait sur
le tombeau que le défunt *reposait là :* et sur nos tombes on lit
toujours le vœu, la prière *requiescat in pace !* quoique nous
l'employions dans un sens plus spirituel. On enterrait avec le
mort les objets dont il devait avoir besoin, des vêtements, des
vases, des meubles, des armes. Dans le tombeau d'un chef celtibère on enterrait son coursier et ses armes. Cette tradition s'est
perpétuée jusqu'à nos jours et se retrouve dans l'usage de porter

(1) Le rameau touranien qui a laissé la plus grande renommée métallurgi-
que est celui de Mesech et de Tubal auquel appartiennent les Tibaréniens et les
Chalybes, populations voisines d'Aïa-Colchis, la terre classique de la toison
d'or et près de laquelle s'élève la province armérienne, d'*Isher* ou d'*Iber*,
riche en mines d'or et d'airain. Ces Ibères caucasiques descendaient des Ibères
pyrénéens et parlaient la même langue eskuara, « dont on retrouve, dit
Chaho, des traces brillantes dans les vallons caucasiques ». L'Ibérie est aujourd'hui la Géorgie.

(2) Fustel de Coulanges : *La Cité Antique.* Le fond des mœurs et de la
religion des Grecs et des Romains primitifs était essentiellement touranien,
procédant, chez les Grecs, de l'apport pélasgique ; et chez les Romains, de
l'élément étrusque.

les armes d'un officier au milieu d'un cortège funèbre et d'y
faire figurer son cheval. Dans la Navarre, à l'enterrement d'un
chevalier, on offrait au prêtre qui avait dit la messe un cheval
de guerre, des armes et des joyaux (1). Chez certains peuples
touraniens c'était l'usage d'enterrer les grands personnages assis
et revêtus de leurs insignes. On conserve encore dans quelques
parties des Pyrénées l'usage d'enterrer les desservants dans cette
attitude (2). On répandait du vin sur la tombe pour étancher la
soif du mort ; on y plaçait des aliments pour apaiser sa faim.
Wilkinson nous donne la reproduction (3) de curieuses petites
tables couvertes de gâteaux, de canards, etc., qu'on plaçait dans
les tombes. Les Japonais offrent à leur *Komi* (esprit des morts)
des gâteaux d'huile et des oiseaux vivants. Dans certaines loca-
lités du pays Basque, la famille du défunt offre neuf pains au

(1) Lagrèze, *Navarre Française*, tome II. Lois Civiles. — Même usage en
Gaule. César, v, 17.

(2) Un ami de ma famille, l'abbé Marchand, doyen de Coarraze, fut inhumé
de cette façon en 1869. Le maire de Labarthe-Rivière, (arrondissement de
Saint-Gaudens, département de la Haute-Garonne), a bien voulu m'écrire, le
14 mai 1886, pour me confirmer l'exactitude de cet usage, dans sa région :
« L'usage dans notre contrée, en ce qui concerne l'enterrement des desservants,
est que, lorsqu'un curé a rendu son dernier souffle, on l'habille de ses plus beaux
habits sacerdotaux, tel qu'il est habillé lorsqu'il officie à la messe, avec des
souliers neufs qui n'ont jamais été portés. On l'assied dans un fauteuil...
ensuite on le met dans la bière tout assis, toujours revêtu de ses ornements et
on le porte à l'église où l'on pose le cercueil sur un catafalque, assez élevé et
de façon qu'il puisse être vu de tout le monde. La cérémonie terminée, on
se rend au cimetière, le corps toujours assis et dans cette posture et revêtu de
ses ornements, on referme la bière et on la descend dans la tombe ».
Hérodote mentionne cet usage chez les Novimons qui vivaient sur les côtes
de l'Afrique septentrionale au vᵉ siècle. Il existe aujourd'hui chez les Papous
des îles du Pacifique. (Le journal *The field*, décembre 1885). L'attitude repliée
a été constatée dans la caverne d'Aurignac ; chez les anciens Péruviens ;
aujourd'hui à Formose. (A. Maury, *La Terre et l'Homme*), en Scandinavie et
Algérie (Fergusson, *Rude Stone Monuments*.)

(3) *Manners and customs of the ancient Egyptians.*

prêtre et chaque parent lui remet une galette de froment (1). Le
grand repas qui a lieu au sortir du cimetière est une autre coutume basque, se rattachant directement au culte des morts. Ce
repas est suivi d'un autre qui a lieu après la messe funéraire.
C'est ce qu'on appelle les « honneurs ». Dans le pays Basque
ces offrandes avaient encore lieu il y a quelques années et
aujourd'hui même dans certaines parties de l'Aragon, à chaque
anniversaire de la mort, le blé et le pain sont placés sur la tombe.
Ces offrandes se nomment *robos*, de la mesure aragonaise (et
castillane) arroba. D'après le for de Navarre, qui consacre tout
un titre aux sépultures, lorsque le défunt avait dit : « Si mes
parents veulent m'enterrer ici, c'est bien ; mais ils sont libres de
me transporter ailleurs », les voisins creusaient la fosse. Dans
le cas où ils voulaient transporter le corps ailleurs, ils ne pouvaient l'enlever qu'après avoir comblé avec du blé la place que
le cercueil devait occuper (2). Les statuts de Pampelune furent
obligés de défendre de présenter à l'offrande plus de quatre
cierges de dix livres et plus de quatre pains. Dans les Pyrénées
ces offrandes en nature ont été presque partout remplacées par des
offrandes en espèces et c'est aussi par des pièces de monnaies jetées
dans des assiettes entourées de fleurs posées par terre tout le
long du parcours que doit suivre une fiancée pour se rendre de
sa maison paternelle à l'église, qu'on a remplacé le paiement en
nature qui primitivement servait à l'achat de la femme. Mais on
allait plus loin. On égorgeait des chevaux, des esclaves, et on
les enterrait dans la pensée que ces êtres continueraient de servir
le mort dans son existence posthume (3). De là cette coutume
chez tant de peuples d'origine touranienne, d'emmurer des victi-

(1) Fabre, *Lettres labourdines*, page 89.
(2) *Fuero de Navarra*, livre III, titre XX, chapitre I.
(3) Iliade XXI, 27, 28 ; XXIII, 165, 176. Il ne faut pas oublier que la religion
du poème homérique est essentiellement anthropique et ancestrale, c'est-à-dire
essentiellement touranienne sans la moindre trace aryenne. « Au Japon, les
serviteurs des grands s'immolaient eux-mêmes sur leur tombe ». (A. Maury,
La Terre et l'Homme).

mes, humaines ou pas, dans les fondations de la maison, en honneur du fondateur qui le premier avait allumé la flamme du foyer. En Ecosse et dans le pays de Galles, on enterrait sur la première pierre des fondations soit un corps humain soit celui d'un animal. Le fait est presque universel depuis les Hébrides jusqu'à l'île de Bornéo (1). M. W. Webster cite le fait, dont il a eu personnellement connaissance, de l'emmurement d'un coq avec toute ses plumes au milieu d'un mur, au centre d'une maison du xive siècle, qu'il vit démolir sous ses yeux à Borce, dans la vallée d'Aspe : ces faits, d'ailleurs, ne sont nullement rares dans la région pyrénéenne. Le coq, ennemi du démon, détournait les maléfices (2).

De ces croyances relatives à l'existence posthume procéda la nécessité de la sépulture. Dans cette seconde vie, il fallait au mort une demeure, un abri et un lieu de repos. Si non, étant malheureux, sans *chez soi*, le mort « revenait » sur terre (3), tourmentait les vivants, les terrifiait par des apparitions, leur envoyait des maladies et n'était satisfait que lorsqu'il obtenait un tombeau. La privation de sépulture est pour le Touranien une source de poignantes inquiétudes. L'Euskarien s'en préoccu-

---

(1) *In the Hebrides*, by miss Gordon Cumming, Londres 1883. — Ces faits et cet usage sont cités par mon savant ami le révérend W. Webster, auteur du charmant recueil intitulé *Basque Legends*.

(2) Dans le pays Basque on attribue aux coqs la vertu d'avertir par leur chant du passage des sorciers. « C'est pourquoi beaucoup de vieilles femmes ont encore aujourd'hui l'habitude de jeter sur le feu une poignée de sel, lorsqu'elles entendent le chant du coq pendant la nuit ; c'est le seul moyen de conjurer le sort qui a pu être jeté sur la maison et ses habitants par le sorcier, dont le fidèle animal a révélé la présence ». (J. Vinson, *Les Basques et le pays Basque*). Le coq chez les Egyptiens était consacré à Anubis le conducteur des âmes dans leurs pérégrinations posthumes. Par son chant il salue le matin, c'est-à-dire la résurrection du jour, la victoire de la lumière qui met fin à la puissance des esprits des morts.

(3) C'est l'origine des « revenants », loups-garous, feux-follets, larves, esprits, dont le plus populaire dans le pays Basque est le *Bassa-Yaun* (le seigneur sauvage).

pait beaucoup. Il voulait trouver dans la mort, qu'il appelle *Iltza* « la grande nuit », une demeure, où il goûterait la paix ; c'est pourquoi il appelle la tombe *hobia*, c'est-à-dire « le lit du grand repos » (1). C'est pourquoi chez les peuples touraniens, tous les arts se concentrent dans l'architecture, qui s'emploie presque exclusivement à élever des tombeaux. Et, d'après le récit de Solon, dans les dialogues de Platon, les pyramides des Atlantes ne devaient pas différer beaucoup, d'un côté, des teôcallis de l'Amérique centrale et, de l'autre, des pyramides de D'gizèh. Partout chez ces touraniens la même préoccupation de bâtir au défunt une maison éternelle. « Les Egyptiens appellent les demeures des vivants des gîtes, parce qu'on y demeure peu de temps ; les tombeaux, au contraire, il les appellent des « maisons éternelles », parce qu'on y est pour toujours. Voilà pourquoi ils ont peu de souci d'orner leurs maisons, tandis qu'ils ne négligent rien pour la splendeur de leurs tombeaux ». (*Diodore de Sicile*, I, 51). Ce n'est ni pour l'étalage de la douleur, ni pour honorer la mémoire du défunt qu'on accomplissait la cérémonie funèbre, c'était pour le repos et le bonheur du mort (2). Mais il ne suffisait pas que le corps fût mis en terre. Il fallait observer certains rites et prononcer des formules magiques. Ces invocations chez les Egyptiens remplissent des pages du « Rituel Funé-

(1) Chaho, *Histoire des Basques*, tome I :

« Un peuple entier (l'Egyptien), pendant plusieurs milliers d'années, n'a eu absolument en vue que d'assurer aux siens la seconde vie du sépulcre. On ne peut, sans émotion, songer par quelles privations les plus pauvres achetaient cela ». (Michelet, *Bible de l'Humanité*).

« Noble et touchante obstination ! ces aliments, ces objets eurent beau chaque fois rester intacts, durant des milliers d'années, on n'eut pas d'yeux pour voir. Aujourd'hui encore, malgré l'Islamisme, ces pieuses croyances n'ont pas disparu. Quelques temps après la mort d'une personne regrettée, le fellah va manger près de son tombeau, y dépose des oignons. D'autres, à l'article de la mort, consentent à révéler leur trésor à la condition qu'on en laissera un partie pour subvenir à leurs nécessités dans l'autre vie. *(Renan, Antiquités Egyptiennes*, dans la *Revue des Deux Mondes* 1865).

(2) Fustel de Coulanges, *Cité Antique*, (Livre I).

raire ». Il y en a qu'on prononce au nom du mort qui demande
qu'on lui rende toutes les facultés qu'il avait dans sa vie terrestre,
qu'il puisse se tenir debout, marcher, parler, prendre sa nourriture et combattre (1). Le dogme de la métempsychose est touranien; mais postérieur aux croyances dont nous parlons ici avec
lesquelles, d'ailleurs, il est étroitement lié. Il est plus que probable, cependant, que les Euskariens y crurent à une certaine
époque. C'est là l'origine des fables et des contes d'animaux, si répandus dans le pays Basque, où ils sont extrê-
mement goûtés (2). « Le titre ix du livre vi des fueros de
Navarre ne consiste, dit Webster, qu'en sept *Fazanias*, dont trois
ne sont ni plus ni moins que des contes de Folk-Lore ». Il nous
semble voir aussi un vestige de l'idée de la transmigration dans
les procès contre les animaux, dont on possède les textes depuis
le viiie siècle jusqu'au xviie siècle et dans les textes formels du
for de Navarre (3) où nous lisons que « la bête qui en tue une
autre est homicide de cette bête ». Dans certains cas, si un
chien tue un autre chien, « il ne doit pas d'amende; s'il le tue
dans un autre cas, il doit l'amende selon la qualité du chien, et
s'il ne veut pas la payer, le chien doit être livré comme homicide » (4). Le chevalier de Béla commente ces mêmes lois qui
se retrouvent dans la coutume de Soule.

(1) Rituel, chapitre xxx.
(2) Cerquand, *Légendes et Récits populaires du pays Basque*. Pau 1876.
(3) Titre iii, livre v.
(4) Lagrèze, *Navarre*, 11, 391. L'usage des travestissements, des déguise-
ments bizarres en dérive. Ils se rattachaient aux rites organiques qui faisaient
souvent partie du culte des morts, et qui apparaissaient chez les Grecs dans le
culte de Dionysos et semblent avoir été le point de départ des cérémonies
secrètes et symboliques, réservées seulement aux initiés. On pourrait également, — n'était la crainte d'étendre trop le cadre de ce travail, — parler des
danses basques, le *zortcico*, (évolution des huit) ; le triomphe d'Azpeitia ;
l'*espata danza*, vestige de la danse de l'épée (stoord-danse des Ecossais) ou
tripudium qu'Annibal fit danser aux funérailles de Gracchus (Tite-Live xxv, 17);
le *mutchiko*, *carrica*, etc. Ces danses, associées à des rites magiques, se rattachaient à l'origine au culte des ancêtres. On pourrait, peut-être, en dire autant
dse représentations dramatiques qui faisaient partie des processions religieuses.

Il fallait donc un tombeau et devant ce tombeau, qui fut d'abord placé dans la maison, il fallait un autel pour célébrer le culte des morts. Sur cet autel (c'était une obligation sacrée) la flamme devait brûler toujours. Ces petits autels sont très nombreux en Egypte et par leurs formes rappellent ceux des Romains. Il n'était pas permis d'alimenter le feu avec toute sorte de bois. La religion distinguait, parmi les arbres, les espèces qui pouvaient être employées à cet usage et celles dont il y avait impiété à se servir (1). Chez les Euskariens le chêne, *aritza*, signifie « l'arbre de vie », « l'arbre nourricier » ; tandis que le cornouiller sanguin, en basque *zuhaindor*, veut dire « l'arbre maudit », et entrait avec la chair des crapauds et des vipères dans la composition des poudres avec lesquelles les sorcières jetaient des sorts et faisaient mourir le bétail. Le feu du foyer était divin. Les Touraniens l'adoraient, lui rendaient un véritable culte (2). C'est le *teos clesios*, le dieu de la richesse, de l'odyssée touranienne. S'il s'éteignait, c'était un dieu qui cessait d'être. Quoique altérée par des considérations d'un ordre purement pratique, cette tradition se retrouve dans certaines dispositions du for de Navarre. « Le for ordonne que celui qui a ses repas à apprêter devra avoir au moins trois tisons au foyer, et, si quelque voisin va chez lui pour lui demander du feu, il doit venir avec un fragment de pot cassé, où il posera un peu de paille brisée ; s'il y a une cour, il laissera le pot à la porte de la cour (l'eskaratz), et, s'il n'y a pas de cour, à la porte de la maison. Puis, il ira au foyer ; il soufflera sur les trois tisons et prendra garde de les éteindre. Il posera de la cendre sur la paume de la main, et sur cette cendre des charbons allumés ; il les portera dans son

(1) Fustel de Coulanges : *Cité antique*, chapitre III, passim.

(2) Le feu est l'agent naturel de la métallurgie. Rapprochez, sur l'usage du feu perpétuel, le culte évidemment touranien des Vestales à Rome, avec celui du prytanée d'Athènes, du temple de Cuzco où il était entretenu par les vierges du soleil. Chez les peuples de cette race on allumait solennellement le feu dans chaque foyer à une certaine époque de l'année. De là l'origine des rites chez les Mexicains du dieu du feu Xiuhteuctli, du Nothfeuer des Allemands, de la bûche de Noël, arbres de Noël, etc.

pot à sa maison. Et si par aventure, malgré ces précautions, un voisin refusait à un autre de lui donner du feu et s'il était convaincu de ce fait, il payera 60 sols d'amende » (1). Dans une ville *infançonne* et *franche*, c'est-à-dire libre de tout seigneur particulier, tout chrétien pouvait acquérir le droit de vecindad (bourgeoisie), si, y étant arrivé à pied avec sa lance, ses armes et ses meubles, il louait une maison et y allumait du feu pendant un an et un jour. Béla, dans ses commentaires de la coutume de Soule, assimile la maison à un feu, à cause de la famille « qui s'assemblait... pour y habiter sous son toict, prendre loy d'un chef », etc. On retrouve dans certains mots de la langue basque plus d'un vestige de la signification mystique que les Euskariens primitifs attachaient au feu. Voyant dans le feu central du globe le principe créateur, jouant par rapport à la terre le rôle de générateur, ils lui donnaient le nom de *songhe*, feu ou serpent, et l'appelaient encore *leheren* (premier-dernier). La fièvre se dit *su-kar*, incandescence ; la mort violente, *erioa* ou l'incendiaire ; le chagrin, ils le définissent, *errea*, un mal qui mine en brûlant à petit feu ; la tristesse se dit *suxua*, c'est-à-dire un feu qui dèssèche les cœurs. Tout grand bruit s'exprime par le mot *erre-otsa*, littéralement « la voix du feu » ; du radical *gar*, désignant la flamme, ils ont fait *garaï* ou *garaïlze*, qui exprime l'idée de la supériorité et de la victoire, d'où procède *garratz*, toute chose invincible et terrible (2). Aujourd'hui encore l'usage est assez répandu dans le pays Basque d'allumer du feu au carrefour le plus proche à l'occasion d'un enterrement, et que chaque passant y dise une prière à l'intention du mort. L'usage des feux de la Saint-Jean, qui est, d'ailleurs, presque universel, ne doit pas être exclusivement rattaché à la célébration

---

(1) L. III. T. XIX. C. VII.

(2) Chaho. *Hist. des Basques*, t. I, 19. « A l'élément igné *Su*, subtil, inaltérable, je consacrai le serpent, *Sukia*, le plus vivace et le plus rusé des animaux ; le dragon fut appelé *Sugulna*. Il est raconté dans nos fables que le Grand-serpent, avec ses gueules qui représentent les volcans, naquit d'un œuf, qui est l'œuf-monde, l'œuf terrestre » id. 198.

du solstice d'été, mais au caractère expiatoire, purificateur que
le Touranien attachait au feu, indépendamment du culte solaire.
Chez les premiers Romains, lorsqu'une ville nouvelle allait être
fondée, le jour de la fondation venu, « le fondateur offre d'abord
un sacrifice. Ses compagnons sont rangés autour de lui : ils
allument un feu de broussailles, et chacun saute à travers la
flamme légère. L'explication de ce rite est que, pour l'acte qui
va s'accomplir, il faut que le peuple soit pur ; or les anciens
croyaient se purifier de toute tâche physique ou morale en sautant
à travers la flamme sacrée » (1). On entretenait le feu sans cesse
On lui donnait d'abord le bois ; puis on versait sur l'autel le vin,
l'huile, l'encens, la graisse des victimes. Le dieu était satisfait,
dévorait ces offrandes et écoutait avec bienveillance l'invocation,
la prière de son fidèle adorateur. C'était là un repas sacré. La
rédemption du péché originel par la communion avec Dieu, est
la première forme du culte religieux. Manger une nourriture
préparée sur un autel, à laquelle on le conviait, dont on lui
donnait sa part, tel fut l'acte le plus sacré de ce culte domestique
des Touraniens, et que l'homme n'a jamais cessé d'entourer de
respect et de solennité. C'est la Cène que Notre-Seigneur a
choisie pour l'institution du plus divin des sacrements, l'eucha-
ristie. Pour symboliser le mystère de son incarnation, il a pris
les figures du pain et du vin. Le repas de la famille commençait
par une prière et des libations. De nos jours, chez les Basques,
les repas sont entourés d'un grand respect. Le père, le chef,
s'asseoit à la droite du foyer, à côté du landier de droite, sous
l'immense cheminée sous laquelle toute la famille prend place.
Ce landier supporte une coupe en fer, dans laquelle on place le
plat dont le père doit manger le premier : c'est ce qui s'appelle
manger « à feu et à pot ». Primitivement, et aujourd'hui dans
presque toute la Navarre, l'âtre est au milieu de la pièce et le
tuyau passe à travers le centre du plafond. La famille se range

(1) Fustel de Coulanges, livre III, chap. IV. « Il faut considérer le feu
dans ses rapports avec la métallurgie ».

autour, chacun selon son rang, commençant par le fils aîné qui fait face à son père, les serviteurs derrière. La mère de famille, la dame de maison (etcheco-andrea), se tient debout derrière son mari et le sert. Le repas commence et finit par une prière et a lieu dans le plus profond silence et la tête couverte, en signe de respect. Chez les peuples touraniens de la haute antiquité, tout, dans le repas de la famille, était empreint d'un symbolisme sacré se rattachant au culte des morts, jusqu'aux cuillères, couteaux, vases, coupes. La religion allait jusqu'à fixer la forme même des pains. La disposition du feu, des bûches et des branches de bois était réglée. La forme des landiers rappelle par leurs tiges la spirale du serpent et leurs sommets figurent généralement une tête de serpent, de dragon ou de chien. On trouve encore dans les vieilles maisons basques des landiers très remarquables — à Ayherre, notamment.

Maintenant ce feu sacré, cet autel, ce repas, n'avaient pas pour objet l'adoration de tous les hommes. Ce culte était exclusivement domestique, ne pouvait être rendu qu'aux morts qui appartenaient à chaque famille par le sang. « Le mort n'acceptait l'offrande que de la main des siens. Il ne voulait de culte que de ses descendants. La présence d'un homme qui n'était pas de la famille troublait le repos de ses mânes. Le mot par lequel les anciens désignaient le culte des morts est significatif; les grecs disaient *patriazein*, les latins *parentare* » (1). Le mort qui ne laissait pas de fils était à tout jamais privé d'offrandes. C'était là le plus grand de tous les malheurs. Aussi le célibat était-il méprisé et chez certains peuples puni comme un délit. De plus le culte de l'ancêtre ne pouvait pas se transmettre par les femmes, puisque celles-ci en se mariant devenaient initiées au culte d'une autre famille, et, par conséquent, à un culte absolument hostile. Il se propageait de mâle en mâle, la croyance étant dans toute la haute antiquité touranienne que « le père seul possédait le principe mystérieux de l'être et transmettait

(1) Fustel de Coulanges, livre 1, chapitre IV.

l'étincelle de vie » (1). Cette idée devint le principe constitutif de la famille euskarienne et détermina tout l'ordre des successions. Le fils aîné est l'héritier nécessaire, absolu, inévitable, engendré pour l'accomplissement du devoir envers les ancêtres. Acquittant seul la dette sacrée, il doit tout avoir. La femme occupe un rang inférieur, puisque chez un grand nombre de peuples touraniens la polygamie est admise, et eut peut-être pour origine cette inquiétude mortelle de ne pas laisser après soi des fils pour continuer le culte domestique. « L'effet du mariage était, en unissant deux êtres dans le même culte domestique, d'en faire naître un troisième qui fut apte à continuer ce culte » (2). Le droit du père de reconnaître l'enfant à sa naissance ou de le repousser est une loi grecque et romaine qui remonte aux législations touraniennes dont elle était un écho. Etant donné le caractère sacré du culte domestique, la filiation même incontestée n'est pas suffisante, parce qu'il faut plus que la naissance pour avoir droit au culte, il faut l'initiation de l'enfant, et pour l'initiation il faut le consentement du père. « L'entrée de ce fils dans la famille était signalée par un acte religieux. Il fallait d'abord qu'il fut agréé par le père. Celui-ci, à titre de maître et de gardien viager du foyer, de représentant des ancêtres, devait prononcer si le nouveau venu était ou n'était pas de la famille ». Ne faut-il pas voir dans ceci et dans ce qui précède à l'égard de la transmission exclusivement mâle de la vie, l'origine de la couvade (3) ? La femme touranienne prend part au

(1) Idem. « Dans l'opinion des Egyptiens, le père est l'unique auteur de l'enfant ; la mère ne fait que lui donner la nourriture et la demeure. (Lenormant, *Histoire ancienne de l'Orient*, tome 1). Il y a cependant çà et là dans les mœurs basques des vestiges de matro ou gynocratie, état social dans lequel la femme était regardée comme un être supérieur à l'homme, toujours liée à des rites magiques, qu'il serait intéressant d'étudier.

(2) Fustel de Coulanges. *Cité antique*, livre III, chapitre 54, et *infra*.

(3) On sait que la couvade est une coutume qui consiste pour les femmes à quitter le lit immédiatement après leurs couches, étant remplacées par leurs maris, qui, à leur place, prennent l'enfant et reçoivent les compliments des voisins. Strabon (III) et Justin (XLIV) rapportent cet usage aux Ibères. Diodore

3

culte mais ne deviendra pas une ancêtre. Elle n'est qu'une initiée. Elle est une mineure et jamais elle ne commande parce qu'elle n'a pas un foyer qui lui appartienne et n'a aucune autorité dans la maison. C'est probablement de là que dérive l'usage de la séparation des sexes dans les églises basques, encore de nos jours. La femme est reléguée dans la nef, de plain-pied avec le sol extérieur contigu au cimetière, séparée du chœur et de l'autel par la grille (aujourd'hui la sainte-table), tandis que le mari occupe sa place héréditaire dans la galerie de bois, placée au-dessus, le long des trois murs, presque à la hauteur du maître-autel, exhaussée de dix ou douze marches au-dessus du sol. « La coutume désigne l'héritier, dit M. de Lagrèze. Dès sa naissance, celui-ci se considère comme le maître futur et ses frères et sœurs apprennent à le respecter comme tel ». Les coutumes pyrénéennes veillent avec une sollicitude extrême à la conservation et à l'honneur de la maison. Ce sont là des vestiges de la religion domestique des Euskariens primitifs. L'aîné doit veiller *au profit et utilité de la maison*. Les filles doivent *servir dans la maison* (1). Les fils cadets en Aragon et en Navarre ne pouvaient pas quitter la maison sans l'autorisation de l'aîné et lui devaient tout leur travail. En Navarre « il faut que les enfants non mariés habitent sous son toit (de l'aîné) ; ils ne peuvent rien acquérir que pour la maison. C'est à elle que reviennent les fruits du domaine, le

---

l'attribue aux Corses; Marco Polo l'a vu pratiqué chez les Tartares (Touraniens). Il se retrouve chez plusieurs tribus de l'Amérique. Dans le *Bulletin de la Société des Sciences et Lettres de Pau*, 1877-78, se trouve l'attestation, par les maires de Labastide-Clairance et d'Ayherre, d'un rapport de l'instituteur d'Ayherre à propos de la pratique récente de la couvade dans une famille de cette dernière localité. De là cette locution proverbiale : « Servez Godard, sa femme est en couches », que rapporte Oudin dans ses *Curiosités françaises*, pages 142 et 251. « Le fils de l'adultère n'est-il pas un étranger qui serait enseveli dans le tombeau de famille ? » C'est pourquoi les plus anciennes lois (d'origine touranienne) de la Grèce et de Rome donnent au père le droit de repousser l'enfant qui vient de naître. La couvade est la reconnaissance paternelle, imposée au pontife du culte domestique.

(1) *Coutume du Labourd*. titre XII, article 20.

produit du travail des enfants et leur *cabail* ou capital (1). Aussi
à Barèges leur donne-t-on le nom d'*esclaus*, esclaves (2). Quant
au père, sa puissance est immense, et primitivement sans limi-
tes ; il a droit de vie et de mort sur ses enfants. Même la coutume moderne considère le chef de la famille comme « *seigneur* »
chez lui, quelle que soit sa position sociale. Il est maître absolu ;
« il est armé, pour faire respecter son autorité, de l'arme de
l'exhérédation ». Le père qui *seigneurie* la maison, gouverne la
famille. Il est donc chargé de pourvoir à tous ses besoins. Il
perçoit tous les revenus. Il *seigneurie* la maison en petit souve-
rain. Chacun doit être maître chez soi : *Pater familias appellatur
qui in domo sua habet dominium*. Il était plus encore. Il était le
prêtre, le pontife de la religion de la famille, uniquement chargé
d'en accomplir tous les rites et ne reconnaissant aucune puissance extérieure ayant le droit d'en régler le culte. « Le père
avait seul le pouvoir d'enseigner cette religion et ne pouvait
l'enseigner qu'à son fils » (3). Seul il réglait les fêtes particulières
de la famille, ses prières, ses hymnes, ses cérémonies. Car, il
faut que nous le répétions, ces morts étaient réellement considérés comme des dieux. « O bienheureux qui habitez sous
terre », lisons-nous dans Eschyle, « écoutez mon invocation,
venez au secours de vos enfants et donnez-leur la victoire ! » Cicéron le dit très explicitement : « Nos ancêtres ont
voulu que les hommes qui avaient quitté cette vie fussent comp-

---

(1) Lagrèze. *Navarre Française*. II. 1. 38.

(2) Lagrèze. *Histoire de Droit dans les Pyrénées*, page 185. D'ailleurs « le
cadet, habitué à considérer l'aîné comme le continuateur du père, acceptait sans
murmure sa préséance au foyer. L'aîné, de son côté, savait qu'il devait servir
de modèle à ses frères et sœurs et remplacer plus tard le père auprès d'eux. Il
ne pouvait, à aucune époque de la vie, leur fermer la porte de la maison où
ils étaient nés ». Lagrèze (*Navarre II*) : « Le droit d'aînesse jouit encore de
nos jours dans les Pyrénées d'une grande faveur, quoiqu'il soit contraire au
code et l'aîné est aussi favorisé que possible ». Voyez sur cette constante
tendance des Basques l'excellent travail de M. Louis Etcheverry sur *l'Emigra-
tion des Basques en Amérique.*

(3) Fustel de Coulanges. *Cité antique.*

tés au nombre des morts (1). Dans Eschyle, un fils invoque ainsi son père mort : « O toi qui es un dieu sous la terre ! » Ces âmes divinisées reçurent plusieurs noms, dont la signification était identique, osiris chez les Egyptiens, dieux, démons, héros, chez les Grecs, mânes, lares, génies chez les Latins, ombres dans l'odyssée touranienne, etc. De là le prestige et la puissance du père de famille. Toute la religion réside en lui. « Rien, dans notre société moderne, ne peut nous donner une idée de cette puissance paternelle. Le nom même dont on l'appelle, *pater*, porte en soi de curieux enseignements. Le mot est le même en grec, en latin, en sanscrit ; d'où l'on peut déjà conclure que ce mot date d'un temps où les ancêtres des Hellènes, des Italiens et des Hindous, vivaient encore ensemble dans l'Asie centrale (2) ». Ce que nous appelons père était dit le « géniteur », l'*aita* des Euskariens. Mais aucune idée de paternité ne s'attachait anciennement au mot *pater*, il pouvait même se dire de quelqu'un qui n'avait pas d'enfants, n'était pas marié. Il était synonyme de « roi » ; de « puissance », « autorité », « dignité majestueuse ». N'est-ce pas là l'*etcheco-yauna* euskarien, le « seigneur de la maison » (3) ?

Quant à la propriété elle-même, elle ne constituait pas un droit individuel, mais un droit collectif, de famille. L'idée de propriété privée était dans la religion même. Chaque famille, ayant son foyer et ses ancêtres qui ne pouvaient être protégés et adorés que par elle, devait être propriétaire perpétuel de ce foyer et du terrain sur lequel il était placé. Ces morts ont pris possession du sol ; ils vivent sous ce tertre. Personne n'a le droit

(1) Cicéron, *De Legibus*, 11, 22, cité par F. de Coulanges, *Cité antique*, livre 1.

(2) Fustel de Coulanges, *Cité Antique*, livre 11, chapitre VIII.

(3) Jao-on Goikoa, « le bon seigneur d'en haut », est le nom que les Basques donnent à Dieu, nom sacré de *Jao*, dans lequel Chaho trouve le symbole trinitaire et qui est le cri national des Euskariens. Aujourd'hui encore ce cri se renvoie d'une vallée à l'autre d'une voix vibrante que les échos de la montagne répètent.

PLAN DE LA VILLA WINBURNE

(Page 81)

1. — Hall.
1 bis. — Escalier.
2. — Salon.
3. — Salle à manger.
4. — Boudoir.
5. — Serre.
6. — Cuisine.
7. — Salle des domestiques.
8. — Office.
9. — Lingerie.
10. — Verandah.

PLAN DE LA MAISON TYPE

(Voir au verso)

1. — Lorio azpia (porche).
2. — Eskaratza (cour voûtée).
3. — Abereteguia (étable).
4. — Logement du père.
5. — Logement des fils.

1. Urcudoya, à Cambo, en Labourd.

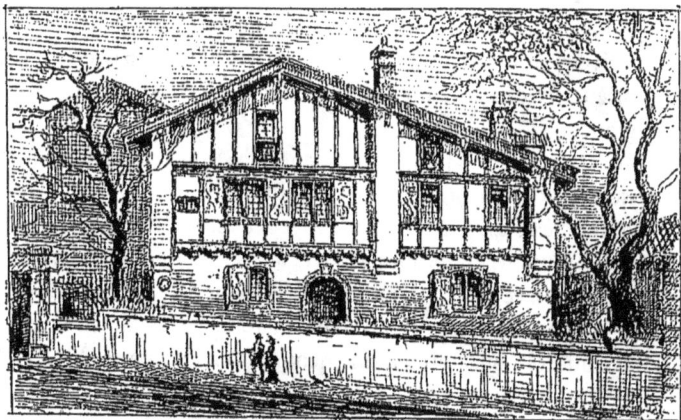

2. Villa Valentine, à Biarritz.

de les déposséder du sol qu'ils occupent. Le sol est tellement à ces morts et à la famille qui en a le culte, qu'il ne peut pas être aliéné, qu'il est imprescriptible. Le tombeau a pu être changé, éloigné de la maison; la propriété a pu, elle aussi, s'étendre, mais les lois qui la régissent n'ont pas changé par cela. Cette inaliénabilité se retrouve dans la coutume basque. Elle défend absolument de vendre les biens reçus des ancêtres, qu'elle définit ainsi : *Avitia patrimonia sunt quæ a majoribus obvenerunt.* Même plus tard, cette défense ne reçut d'exception que dans certains cas prévus et limités. Tout ce qui sort de la maison doit, dit le for, y faire retour ou pouvoir y rentrer par rachat. Ainsi la coutume de Soule accorda un délai de *quarante et un ans* pour l'exercice de la faculté de rachat des parties du patrimoine aliénées (1). L'inaliénabilité était la conséquence naturelle de l'immuabilité. C'est pourquoi la propriété n'était en fait qu'un dépôt sacré. Conçue de cette façon, la propriété euskarienne était, à l'origine, strictement privée, ne connaissant aucun autre régime. C'est la religion, c'est le culte ancestral qui, chez eux comme chez tous les peuples touraniens, constitua la propriété. La propriété privée était donc une institution dont la religion essentiellement et exclusivement domestique ne pouvait pas plus se passer, que la propriété fondée sur un tombeau ne pouvait se passer de la religion.

Suivons ces idées pour reconstituer les traits originaux de la maison euskarienne des temps primitifs.

Le tombeau est fixé au sol; le foyer, c'est-à-dire l'autel, se fixe au sol comme le tombeau lui-même au dessus duquel il est originairement placé, et la famille, qui, par devoir et par religion, reste toujours groupée autour de son tombeau et de son autel, se fixe au sol non moins fermement et pour toujours. L'idée de

(1) « Et voici comment il appert que le droit de primogéniture a subsisté, pour avoir été establi aux fins de la conservation mutuelle des maysons en leurs anciens lustre... et marques y apposées par les originaires chefs des familles qui premier les establirent ». (*Commentaires de la coutume de Soule* sur le xxviie titre).

domicile, de permanence, de perpétuité en découle naturellement. L'immuabilité est la première idée qui vient logiquement. C'est elle qu'exprime le mot « maison » dans toutes les langues. L'autel se disait *estia*, d'où vient *stare*, demeurer : *eggnesis* des Grecs (le foyer du père) implique les mêmes idées et a probablement quelque rapport avec le basque *egon*, *egonghia*, qui expriment les idées de « résidence », de « demeure », « d'habitation » (1) d'où *egoitea* « demeurer », « rester ». Le mot français de maison donne la même signification, en y rattachant étymologiquement un sens qui se rapporte au culte des ancêtres. *Maison, manoir, masure* (2) en français ; *mohou* en wallon ; *moison* en bourguignon et en normand ; *maiso, maysou, mas* en provençal ; *maisoun, maisou,* en gascon ; *mesou, maysou* en ancien espagnol ; *magione* en italien, viennent tous du latin *manere* rester, qui vient du grec *menô*, du zend *umanan*, rester. Curtius les rapproche du sanscrit *man*, qui signifie penser, se souvenir, *mexas, mens, menos*. Il croit que ces mots n'ont conservé que le sens dérivé, spiritualisé de la racine et que la signification concrète et originelle en est *être stable, persister* (3). Le mot ménage en viendrait également.

Occupons nous du tombeau. Tous ceux du même sang devaient y être enterrés. Il était absolument interdit d'y ensevelir un homme d'une autre famille. Chaque famille avait le sien et le rapport entre le tombeau et la maison était si indissoluble que, jusqu'à ces derniers temps, la maison dans le pays Basque ne se vendait jamais sans le tombeau des propriétaires et la pierre mortuaire ne portait jamais que le nom de la maison. Dans la haute antiquité touranienne, le tombeau était au milieu de l'ha-

(1) Chaho, *Histoire des Basques,* t. I, p. page 200-201. La demeure se dit aussi *egoitza, egonlekhua.*

(2) Bas-latin, *mansio, mansura, masura.* Dans le nord, en Normandie, en Picardie, c'était un clos avec maison habituellement construite en bois. Viollet-le-Duc, *Dictionnaire d'Architecture.* Manoir est un ancien verbe signifiant demeurer.

(3) Littré.

bitation non loin de la porte, « afin que les fils, dit Euripide, en entrant ou en sortant de leur demeure, rencontrassent chaque fois leur père, et chaque fois leur adressassent une invocation ». Le tombeau était une grande fosse, très profonde, recouverte de dalles et élevée de quelques marches au-dessus du sol. Sur le tombeau reposait l'autel du feu sacré. Qu'il s'agisse des grandes pyramides de l'Egypte, de la Chaldée, de l'Atlantide ou du Mexique, du monument d'Alyattès, des dagobas de l'Inde, des tumuli étrusques ou tartares, l'idée est partout la même et le plan à peu près identique. L'autel était entouré d'une balustrade dont l'enceinte formait le sanctuaire. Il était placé au milieu d'une cour intérieure entourée de portiques de tous côtés. Le plain-pied était destiné aux femmes, aux femmes esclaves, aux enfants de la famille. Les portiques latéraux, élevés de quelques marches au-dessus du niveau de la cour et qui par des clôtures en bois les séparent de la cour et communiquent avec le sanctuai-re, sont réservés aux pères de famille, aux enfants mâles, aux esclaves mâles. Derrière ces portiques sont les pièces destinées aux repas, aux offices, etc. De la cour on entre dans le porche où sont reçus les étrangers à qui l'entrée de la cour est rigoureu-sement interdite. Dans la cour (atrium des Romains), le long des murs, on rangeait les images des ancêtres dans lesquelles on pensait que venaient résider les morts. C'est l'origine de la sculp-ture des dieux, des taureaux ailés. Il y en avait qu'on plaçait à l'extérieur sur le toit, ou des deux côtés de l'entrée, pour garder le foyer et le défendre contre le mauvais œil, les maléfices, etc., en un mot pour repousser les dieux des visiteurs et des passants, que ceux-ci amenaient en eux. En sortant du porche, on entrait dans une grande cour découverte servant aux assemblées des voisins, des pères de famille et aboutissant à un bois sacré entourant une allée conduisant à la cour. Autour s'élèvent les étables, bergeries, le petit champ que cultive la famille ; car, chez les Touraniens, la propriété n'est jamais plus étendue qu'il ne convient à la nourriture d'une famille, superficie variable selon les circonstan-ces, mais d'une contenance moyenne d'un demi-hectare. Cet

enclos, au milieu duquel s'élève le tombeau avec le foyer protec-
teur, est entouré d'une enceinte sacrée, qui était une simple
bande de terre de quelques pieds de large, sur laquelle le propriétaire plaçait, de distance en distance, quelques grosses pierres
et des troncs d'arbres, que les Latins appelaient des *Termes*, aux
dessus desquels on jetaient des charbons allumés au feu sacré
du foyer, des grains, des gâteaux, des fruits, du vin et du miel.
Aucune puissance au monde ne pouvait déplacer ces Termes.
Y toucher seulement constituait un sacrilège horrible et compor-
tait un sévère châtiment. Ce caractère sacré provenait de ce que
l'usage d'enterrer les dieux domestiques s'était étendu de la
maison au champ de la famille. Mais indépendamment de cet
enclos, il y en avait un plus intime et qui avait précédé celui-là :
c'est l'enceinte, la clôture qui entoure le foyer, à une certaine
distance, derrière laquelle se tiennent ceux qui sont initiés au
culte de la famille, mais n'y pratiquent pas les cérémonies réservées exclusivement au père-pontife et à son fils aîné. Une seconde clôture est placée autour de la maison elle-même. Elle était à
l'origine formée de pieux en bois, dont chacun représentait un
des dieux domestiques ou des plantes, des animaux, se rattachant
par leur symbolisme à la nature et à la défense de ce culte.
C'est là l'origine et des colonnes et des chapiteaux. C'est cette
clôture qui marque d'une manière irrécusable la limite qui sépare
le domaine d'un foyer du domaine d'un autre foyer. Il y avait
impiété et crime à la franchir ; car n'oublions pas que le fait seul
qu'un étranger pût voir ou toucher le foyer constituait aux yeux
des peuples touraniens une profanation telle que le repos des dieux
en était profondément troublé et qu'il ne le pardonnait jamais.
C'est cette idée, et pas celle de la jalousie, qui fit la réclusion de
certaines parties de la maison et en constitua l'inviolabilité légale.
Ces dieux domestiques étaient pour cela appelés les dieux
« cachés », *Mukioi*, les dieux «intérieurs » ou *Pénaies*, et l'enceinte sacrée *erkos* et *heretum*, d'où le français héritage et l'espagnol
una heredad, appliqués à une propriété de famille (1).

(1) *Heros*, héritier, et *herus*, maître, sont le même mot et tiennent au radical
sanscrit *har*, prendre.

« Qu'y a-t-il de plus sacré, dit Cicéron, que la demeure de chaque homme ? Là est l'autel, là brille le feu sacré, là sont les choses saintes et la religion » (1). Que de traces de cette inviolabilité dans la coutume basque, inviolabilité qui serait incompréhensible (la liberté individuelle n'existait pas alors) sans le caractère sacré du culte caché des ancêtres ! Le for général considère la maison comme un sanctuaire inviolable, et lui accorde le droit d'asile (2) dont jouissait la maison de Dieu, l'église ou le couvent. Le malfaiteur y trouvait un refuge et profitait de leur immunité. Et ce droit s'étendait du palais de l'infanson à des maisons de simples habitants des villes. L'article 304 du for de Sobrarbe, de Tudèle (peut-être le plus ancien de tous) est ainsi conçu : « Que nul meurtrier qui entre à l'église ou dans la maison d'un habitant de Tudèle ne puisse être saisi ; et si la justice veut le garder, qu'elle le garde, mais de dehors ». « Le for général respecte tellement le foyer domestique et l'hospitalité, qu'il autorise le maître de la maison, s'il a reçu un étranger, qui n'est pas un voleur avéré, de répondre à celui qui vient lui dire : « J'ai à me plaindre de ton hôte ! » « Respecte-le tant qu'il est chez moi ; lorsqu'il n'y sera plus, tu feras valoir tes droits contre lui si tu peux » (3). Et plus tard lorsque les Touraniens et ceux qui en provenaient bâtirent des villes, les demeures furent rapprochées, mais elles ne furent pas contigües, deux foyers représentant des divinités hostiles et distinctes ne pouvant s'unir ni se confondre et partant rendant la mitoyenneté absolument impossible. A Rome la loi fixait à deux pieds et demi la largeur de l'espace libre qui doit toujours séparer deux maisons. Ces ruelles d'isolement existent encore dans toutes les villes basques et gasconnes. En gascon elles s'appellent

(1) Cicéron. *Pro domo*, 41.

(2) Lagrèze, *Navarre Française*, tome II, *Histoire du droit dans les Pyrénées*, page 279.

(3) Livre v, titre x, chapitre I. — Cité par Lagrèze, *Navarre Française*, tome II, page 237.

endronnes et n'ont quelquefois que la largeur d'un caniveau (1).
Toute la vie de la famille est concentrée dans l'intérieur, et c'est
encore par suite de la frayeur du regard de l'étranger, du
« mauvais œil » en un mot, que les murs extérieurs de la maison
touranienne sont aussi nus que possible et dépourvus d'ouvertures, usage qui s'est conservé en Orient où la superstition du
mauvais œil n'a pas cessé. C'est pour conjurer les effets du
mauvais œil, qui donne les maladies, la ruine et la mort, que
le Touranien plaçait sur ou au-dessus de sa porte une main et
d'autres signes cabalistiques (magiques) qui plus tard se conser-
vèrent comme de purs ornements. Chez les Euskariens la main
dut également servir à combattre ces influences néfastes. « Chaque tribu, dit Chaho, a sa main sculptée au-dessus de l'étendard
national ». L'hiéroglyphe de deux mains unies, X, ou des dix
doigts de l'homme, devint le chiffre du nombre dix, appelés
chez les adeptes Egyptiens « mariage » et parmi nous (les Basques) *amar*, c'est-à-dire mâle et femelle, comme producteur de
la génération des nombres, par additions décimales (2). Il faut
y voir, croyons-nous, le symbole phallique du défi et de la con-
juration magiques ; de même que dans le juron le plus populaire
des Castilles on doit voir la plus ancienne trace de l'abjuration
phallique contre le mauvais œil (3). Les autres signes que nous
retrouvons dans les frises des maisons basques, sur les corniches
et entablements des galeries des églises, autour des pierres tom-
bales des cimetières de ce pays, sont le *chevron*, les *entrelacs*, les

(1) Mesure de longueur équivalente à la cana espagnole, soit environ 2ᵐ 29ᶜ
et à la cane dans plusieurs villes du Midi, à Montpellier notamment.

(2) L'éminent archéologue, M. Abel Maitre, inspecteur des restaurations et
moulages du Musée des Antiquités nationales, a découvert que les lignes de la
main constituaient le motif principal de décoration des sculptures sur les
pierres du tumulus-dolmen de Gaor'Inis (Morbihan). Il serait intéressant de les
comparer avec les ornements du Mound de Docoth, en Ecosse.

(3) *Chaho, Histoire des Basques*, tome 1, page 183. De là peut-être, toujours
d'après Chaho, l'idée de l'unité *Bat*, écrite sur le drapeau national des basques
espagnols, l'*irurac bat* (tria juncta in uno) symbolisée par trois mains entre-
lacées.

étoiles, et ce qu'on est convenu d'appeler le *godron* (1). Les *entrelacs*, la *grecque* sont des ornements dont l'origine remonte au culte du dragon ; le chevron, au culte de l'arbre ; l'écaille, très rare dans ce pays, peut-être davantage en Bigorre, au culte du poisson (2). Quant à l'ornement sidéral, ce qui domine surtout dans les tombes, c'est le pentaleph. En somme l'ornement est plutôt géométrique que floral ou zoométrique. Nous avons, cependant, rencontré l'*ove* mais qui a pu être une importation : les trous, qui symbolisent les myriades d'étoiles ; le cercle, qui rappelle l'étoile, et les deux lignes en spirales, qui se rattachent au culte dragonesque. Il y en a bien d'autres, mais ils datent probablement de la période romane. L'S en bois, qui couvre les volets et ne semble être là que pour en consolider l'assemblage, doit avoir un sens symbolique. La forme primitive des toits, et,

---

(1) Ce nom s'applique communément à une moulure ovale taillée aux bords de la vaisselle d'argent. Scheler le tire de *goder*, et, vivant plus près de l'Allemagne que de l'Espagne, il y voit un verbe germanique. Il ne faut pas oublier dans l'étude de l'ornement que le symbolisme en est l'origine. Il n'est pas un ornement, pas un seul, qui ait été à l'origine un simple motif de décoration. Le godron est un emblème phallique qui ressemble exactement au *tomoyé* des Touraniens japonais, mais en sens inverse. Le tomoyé se rencontre partout au Japon. Aux fêtes de nuit appelées *matsuri*, chaque maison a une lanterne d'environ 1 mètre de long, portant d'un côté le nom de dieu et de l'autre un tomoyé noir ou rouge. Toutes les tuiles formant la crête des toits ou des murs, quand elles ne portent pas le nom de la famille, portent un tomoyé. C'est l'ornement le plus courant dans l'ornementation en bois et les arabesques des temples et constitue l'écusson de la maison d'Arina, jadis si puissante. Parmi les bouddhistes c'est l'emblème des bonnes influences, du bonheur, d'une longue vie. (M. Anderson, *Travels in Japan*). Cet emblème se retrouve parmi les ornements de la Polynésie. Je dois cette intéressante « suggestion », à M. E. H. W. Bellairs, consul de S. M. Britannique à Biarritz, qui a résidé dans la Nouvelle Zélande. L'ornement en fer si connu dans certaines parties des Pyrénées sous le nom de *las tres peres* (les trois poires) est presque identique au *tomoyé*.

(2) Il paraît qu'en creusant les fouilles pour la nouvelle église de Notre-Dame de Lourdes on a trouvé des pierres avec l'emblème du poisson. Je crois qu'on en trouvera bien d'autres.

en particulier, du faîtage sur toute sa longueur et à ses extrémités, avait une signification mystique qui se retrouve dans toute architecture touranienne et dont les vestiges sont restés dans les monuments des races postérieures, qu'il s'agisse de la Scandinaire ou de la vallée de Kashmyr, des huttes de la Nouvelle Zélande ou des demeures les plus humbles de l'Altaï (1). Dans la maison basque, le poinçon du faîtage est surmonté souvent d'une croix en bois ; de trois croix en fer, décorées d'un coq, et, sur les toitures, on remarque ci et là de grandes croix blanches que dessinent des tuiles blanches sur le fond de tuiles rouges, etc.

La maison touranienne a toujours été peinte, la polychromie étant un des traits les plus caractéristiques de cette race, qui montrait son âme bien plus complètement par la peinture que nos Aryas par la voix ou par l'écriture. La couleur était appliquée symboliquement et toujours par rapport aux conceptions métallurgiques et sidérales. Le noir est la couleur de la planète Saturne et symbolise le mystère, la vie souterraine ; Saturne a sous son influence le plomb et le soufre : — l'orange correspond à

(1) Le prince Lucien Bonaparte, qui est, comme on sait, un des plus savants euskarisants de ce temps, me faisait récemment l'honneur de m'écrire les lignes suivantes : « C'est chez les peuples ouraliens (dont plusieurs habitent la Scandinavie) qu'il faudrait, selon moi, chercher à s'informer de tout ce qui tient aux maisons basques ». Le pays Basque espagnol et français ne doit pas manquer de tumuli et de dolmen, dont la découverte jetterait un grand jour sur les origines euskariennes. Un archéologue d'une rare sagacité, M. A. Bertrand, de l'Institut, est d'avis que tout indique une parenté entre les races finnoises (touraniennes) et les populations gauloises de l'époque mégalithique. Il croit à des analogies entre les familles des chamanes (devins, magiciens) chez les Finnois et les castes des magiciens existant à la même époque en Irlande et en Gaule. Les *Igherle* (scrutateurs en basque) des Euskariens devaient posséder les sciences occultes. Le pays Basque a toujours été le pays du merveilleux. En 1600 plus de 500 sorcières furent condamnées à Saint-Pée-sur-Nivelle par le grotesque mais terrible Pierre de Lancre, conseiller au parlement de Bordeaux, auteur de l'*Inconstance des mauvais anges et démons*, Bordeaux 1610-13. Heureux les peuples trop crédules ! Ils vivent plus près de l'absolue vérité, qui est Dieu, que nous ne pensons. D'ailleurs l'élagage est facile ; mais le scepticisme, cette stérilité, comment y remédier ?

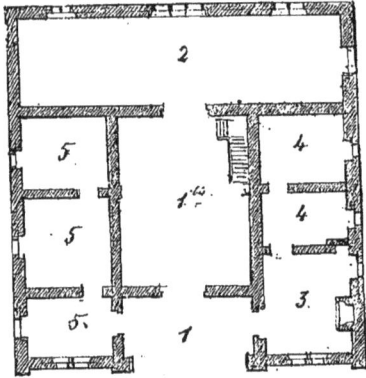

3. Plan de la maison-type

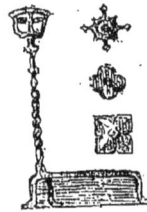

4. Type de porte d'Espelette.
en Labourd.

5. Croisées, clous
et landiers

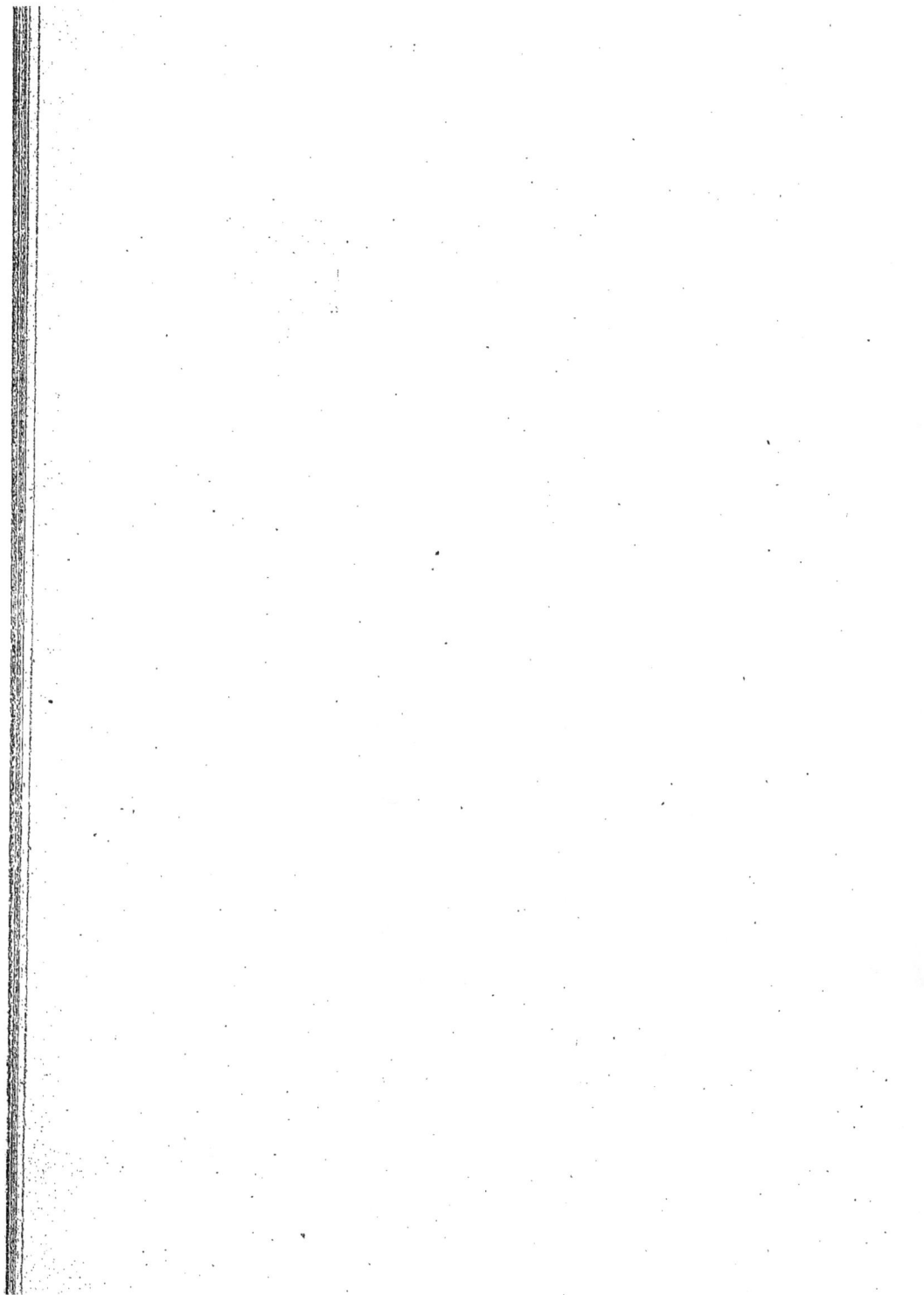

Jupiter et signifie l'ordre et la puissance ; son métal est l'étain ; sa pierre, le saphir ; — le jaune est dédié au soleil, source de vie, foyer d'attraction générateur de l'or ; — le rouge est emblématique de Mars, planète qui symbolise la puissance créatrice, le feu, et dont les métaux sont le fer, l'aimant ; les pierres, le rubis et le jaspe ; — le vert, à Vénus qui agit sur la mélodie humaine, amour, musique, charité ; sur le cuivre, l'émeraude, la turquoise ; — le bleu se rapporte à Mercure, planète qui a sous son influence les incantations, le vif-argent, le serpent; parmi les arbres, le noisetier ; — le blanc, à la lune, de qui procède le don prophétique ; qui influe sur l'argent, le cristal, le diamant. Ces couleurs, selon leurs dispositions, variaient de sens et il est permis de croire que les rayures coloriées sur les « mantas », ou couvertures, que portent encore les Espagnols des provinces du Nord, ces fils des Ibères, servaient à distinguer les tribus entre elles, selon les couleurs emblématiques du culte de chacune. On peut dire d'une façon générale que le rouge (*gorria*, en basque), est la couleur favorite des Basques. D'après certaines traditions, on serait tenté de croire que les Euskariens atlantes se peignaient le visage avec du vermillon, comme les Astures, d'après le dire de Strabon, qui, de plus, désigne une des tribus de l'Atlas de l'appellation bien basque de *mulburgorri*, « faces rouges ». C'est la couleur de la « cinta », ceinture ou *faja*, du costume national; celle du berret basque authentique ; celle du bonnet *phrygien* des Catalans, qui l'appellent « gorra », nom qui s'applique en Espagne à une toque ou un bonnet (1).

(1) Il est curieux que le nom de béret ou berret provienne lui-même, selon les meilleurs étymologistes, de *byrrhus*, sorte d'étoffe *rousse*, du grec *purros*, roux. Quant au bonnet phrygien des Catalans, nous rappellerons que ceux-ci, aussi bien que les Gaulois et les Francs, revendiquent une origine gréco-phrygienne que sembleraient confirmer certaines découvertes archéologiques modernes. La parenté entre une partie des Gaulois et les Berbères a été récemment établie par les découvertes du docteur Rouire, près du lac *Kelbia*, le lac *Trilou* des Grecs, au pied de l'Atlas, point qui désignait l'extrémité nord du cantonnement des Grecs atlantides (Aryas touranisés), qui, mêlés à des bandes sémitiques, avaient envahi le nord de l'Afrique, environ 2400 ans

C'était la couleur des castes aristocratiques chez les Touraniens, et les pech, ou castes inférieures des Celtibères, par haine, donnaient au diable le surnom de « seigneur-rouge », *yaunagorri*.

Maintenant, quelle était la forme, le plan, l'aspect de la maison euskarienne des temps primitifs ? Nous croyons pouvoir en reconstituer les traits généraux. Quoique on ait dit, la race touranienne admet, exige la noblesse, la caste. Le premier principe de l'inégalité est contenu dans la constitution de la famille. L'aîné est de père en fils le prêtre, le magistrat, le chef de la famille. A côté se forment des classes inférieures, les branches cadettes des familles, les serviteurs attachés héréditairement. La propriété appartient tout entière au chef de famille ; mais la jouissance est partagée avec les branches cadettes et les serviteurs qui la cultivent et en reçoivent des parcelles en dépôt. La cité,

---

avant notre ère. Le docteur Rouire y a découvert plus de huit cents tombes ou dolmen, dans lesquels les corps, observe-t-il, étaient enterrés repliés sur eux-mêmes, assis, comme au Maroc, dans les Pyrénées et très certainement dans le pays Basque. L'écriture actuelle des Berbères présente une analogie frappante avec l'ancienne écriture ionico-cypriote. Les Ioniens ou *Jas* avaient dans leurs veines autant de sang touranien que les Doriens en avaient peu. Ils se nommaient aussi *Jastours*, parce qu'ils habitaient dans des *tours*, d'où le nom donjon. Les « Jas » étaient cavaliers (Keletes) d'où leur nom de *Celtes*. Ils formaient la caste noble de l'ancienne Gaule druidique. L'autre caste, la caste des travailleurs, *pekh*, ou *pech* (que Rabelais appelle les *pies*), était, elle aussi, venue de Phrygie, mais d'origine éolienne avec une organisation démocratique Les *pecheros* de la Navarre, ceux qui paient tribut (nom qui, selon le droit des fors de Navarre, viendrait du basque, *pe*, *pea*, *vassal* et *charra*, chose méprisable, de peu de valeur, (catalan *pech*, de *pecus*, bête (?)), sont ces mêmes *pies* ou *picars*, bouviers (ce sont eux qui introduisirent le combat, — à l'origine la *marque*, — des taureaux en Espagne où le *picador*, d'abord à pied, fut, plus tard, remplacé par le cavalier de la caste supérieure) et laboureurs, se servant du pic : bas-breton *pik* ; gaélique, *pic* ; kimry, *pig*, pointe. Les Ioniens, Jas, Goys, dont Rabelais a fait *goytruz*, habitaient des tours, se livraient à l'élève du cheval. Leur étendard était *rouge*, celui des pech, noir et blanc. Quant au mot tour, le *dorrea* basque peut aussi bien venir du celtique , tour, *torr*, éminence, monticule, que du latin *turris*. Voyez sur les Jas et les Goys et ce qui précède, les aperçus très hardis de M. d'Orcet, dans son article sur la « *Danse macabre* ». *Revue Britannique*, mai 1886.

la nation se formant, rien ne fut changé à la constitution intérieure de la famille touranienne. Les chefs des familles s'unis-
saient entre eux, mais chacun d'eux restait maître absolu dans
la petite société dont il était déjà le chef. La distinction des
classes se continua donc dans la cité, dans la nation. La tribu
ibère était la réunion d'une infinité de monarchies absolues
minuscules, sous le sceptre d'un chef suprême, chef religieux en
même temps, et la nation ibère était constituée par la réunion
de toutes les tribus gouvernées par un roi qui réunissait ces trois
attributions : le culte, la guerre et la justice, et dont l'autorité
était donnée et obéie, parce qu'elle était sainte par son origine.
Mais l'indépendance de chaque tribu, dans celles-ci de chaque
cité, de chaque foyer, était absolue. Le culte d'un peuple était
interdit et hostile à l'homme d'un autre peuple. L'isolement qui
se faisait autour de chaque maison, se répétait autour d'un
territoire. Lorsque la société grandit, l'association devint nécessaire et le temple, l'image agrandie de la maison, s'éleva et
ouvrit ses portes à tous les cultes de familles d'une tribu (1).
C'est pourquoi, voulant reconstituer la maison euskarienne des
temps primitifs, il nous semble utile de considérer l'église

(1) Des vestiges de cette antique répulsion, qui était un devoir sacré, se
retrouvent dans plus d'un usage rattaché au culte chez les Basques modernes
comme, par exemple, celui de se couvrir la tête et le visage d'un voile noir, et
la séparation des sexes à l'église. Cette première particularité se voit dans les
anciennes statues cypriotes du Louvre et nous savons que, dans les plus
anciennes monnaies ibériennes, l'Ibérie est représentée comme une femme
voilée. C'est la *kaluptra melaine* des Grecs, la mantille Espagnole que retenait
le peigne élevé, à crête de coq, le *koraz*, la « peineta » des espagnols, fait en
or ou en argent, ayant un caractère symbolique. La « mantilla » était un
diminutif du « manto » ou « mantum » gothique (S. Isidore, XIX-24), et
formait primitivement le capuchon et voile composant la partie supérieure du
sayo, (*cayos* de Strabon). Cet usage provenait, dans le culte domestique
touranien, de ce que la femme, tout en étant initiée et y prenant part, avait
appartenue par sa naissance à un autre culte, hostile par conséquent. Au
moment de l'acte le plus sacré, le sacrifice, la femme se voilait la figure. De
même dans un des principaux rites du culte romain, le pontife, lorsqu'il sacri-

basque qui a dû varier si peu, d'y ajouter l'étude de tous les types de temples touraniens dont elle reproduit tant de traits, et, en en décomposant les parties, de retrouver les caractères principaux de la maison primitive.

Nous voyons trois parties dans l'église basque : l'abside, qui était la primitive *maison*, c'est-à-dire, l'enceinte sacrée, inviolable, fermée de tous côtés, renfermant le tombeau de famille et l'autel des sacrifices, et, par la suite, ne contenant que l'autel ; la nef ou le carré long, qui était séparé et constituait la demeure proprement dite, composée d'une cour, *eskaratza* (1) au centre à ciel ouvert et de deux corps de logis parallèles, avec une galerie au premier destinée aux hommes de la famille, le rez-de-chaussée étant attribué au logement des femmes et des enfants, aux serviteurs, aux offices ; le narthex actuel était le porche de la maison, où se tenaient les étrangers, les voyageurs, les solli-

fie en plein air, doit avoir la tête voilée, « parce qu'il ne faut pas que devant les feux sacrés, dans l'acte religieux qui est offert aux dieux nationaux, le visage d'un étranger se montre aux yeux du pontife ; les auspices en seraient troublés ». Exclure l'étranger, c'était conserver aux sacrifices leur pureté et leur efficacité. Cela ne venait d'aucune malveillance, mais d'une loi religieuse. Cet usage se rattachait aussi à des idées de pureté en rapport étroit avec les motifs qui avaient dicté l'usage suivant, c'est-à-dire la séparation des sexes dans les églises Basques. Les galeries qui règnent autour de la nef, sont exclusivement occupées par les hommes pendant les offices ; les femmes remplissait la nef, à l'exclusion des hommes, et chacune toujours à la même place, *garleku* (agenouillée), place qui appartient de droit à chaque maison et qui se transmet avec sa propriété. Dans le temple de Jérusalem il y avait une enceinte réservée aux femmes. C'était un carré de 135 coudées en longueur et en largeur. Quinze marches séparaient cette enceinte du lieu réservé aux hommes. Les Parsis avait un usage analogue. Chez les Romains, il y avait même des cérémonies religieuses de la plus haute importance, auxquelles il était défendu aux femmes d'assister, notamment à celle de la Purification ou Lustration. Moïse élevé dans les temples Egyptiens, dont il devint un des prêtres, introduisit probablement dans le Lévitique plus d'un rite égyptien. Les motifs de cette séparation, qui se rattachent tous à l'état de pureté de la femme, sont expliqués dans le Lévitique chapitres IV, V, XII, XV, XIX et XX.

(1) *Eskaratza* viendrait-il du grec *eskara*, synonyme de *estia*, (*atchea ?*) et, de même, signifiant un autel ?

citeurs qui ne devaient pas pénétrer plus avant. Dans les premiers temps, la *cella* ou abside était une tour hémisphérique, plus tard à pans coupés et voûtée, comme son nom grec l'indique, construite soit en bois, soit en *tapia*, soit en pierre ou autrement, assez élevée, avec une ouverture au centre, pour laisser passer la fumée, et quelquefois couronnée d'une plate forme servant au culte sabéiste. Les membres de la famille demeuraient soit dans de petites maisons autour, construites grossièrement, soit dans d'autres tours annexées (1).

Le porche, ou corridor ouvert, précédant l'église (le narthex, parvis), était une sorte de vestibule, donnant directement sur le dehors et destiné à recevoir les clients, les étrangers, ne communiquant avec la cour intérieure que par une seule porte qu'ils ne franchissaient jamais. Ce porche est la « porte de justice » des Orientaux, la « sublime porte », de Constantinople (2). Indépendamment de la grandeur et de la solennité qui devaient résulter des masses et de la simplicité des lignes, ce qui, dans cet ensemble, frappait le plus était, sans doute, la richesse de l'ornementation métallique dans les plafonds, sur les murs, les clous, les gonds et les pentures des portes. On sait que le goût et l'habileté des forgerons euskariens se sont perpétués jusqu'à nos jours dans les admirables grilles des cathédrales espagnoles, dont les plus

(1) Analogues, jusqu'à un certain point, aux *nurhags* de Sardaigne, aux *talayots* des Baléares, aux *atalayas* des côtes méditerranéennes et atlantiques d'Espagne, (Biarritz possède les ruines d'une de ces tours), les *brochs* de l'Ecosse ; les tours rondes de l'Irlande, etc. Pour l'étude des nurhags nous avons l'ouvrage de La Marmora, qui a compté plus de 3000 de ces monuments dans la Sardaigne. Quant aux talayots, nous étions réduits aux travaux peu satisfaisants du docteur Ramis, et aux *Apuntes Arqueologicos de Martorell y Pena* ; mais un jeune et savant archéologue catalan, M. Hernandez Sanz, vient de faire des découvertes importantes dans les Baléares et m'informe de l'intention qu'il a d'en publier les résultats. Tout le monde sait ce qu'en pense M. Fergusson (*Rude stone monuments, etc.*), qui, en matière d'archéologie et d'histoire de l'architecture, est un guide d'une si admirable et presque toujours infaillible sagacité. On rencontre des tours isolées près de Cannes, en Corse et entre Bordeaux et Bayonne (Violet Le Duc. *Dictionnaire des maisons*, page 297).

(2) Deutéronome, XVI. 18 ; Rois, I. VII. 7 ; etc. etc.

4

belles sont l'ouvrage d'artistes biscayens; dans les épées merveilleuses des Aguirre, Uriza, Ibarreta; le damasquinage de Zuloaga
(dont la statue de Prim est un chef d'œuvre de notre temps);
dans ces balcons en fer, qui s'accrochent aux murs des maisons
basques espagnoles comme des nids de dentelles noires; dans ces
lourdes portes, sombres, constellées de clous resplendissants et
mille travaux d'orfèvrerie religieuse, presque dignes de la gloire
de Dieu, qui enrichissent les trésors des églises espagnoles.

Quant à la forme conique, commune aux races touraniennes
lorsqu'elles sont pures, elle symbolise des conceptions anthro-
piques se rattachant à des phénomènes de destruction et de génération regardés comme essentiellement connexes. Les matériaux
étaient : l'*adobe* (de l'arabe *toob-ny*) c'est-à-dire de grandes
briques non cuites, très résistantes, et dont on se sert encore
dans la province de Léon pour la construction des maisons; et le
tapia, le *tabi* des Égyptiens. C'est un mélange de pierres, moel-
lons bruts, mortier, qu'on mouille d'abord et qu'on place dans
un cadre de bois, qu'on retire après la dessication. C'est le
principe du *cob-wall* du Devonshire (1). Ces murs en terre et
pierres sont également en usage chez les Berbères. Les Romains
les appelaient *parietes, formacei* (2). Pline décrit minutieusement
ceux qu'on bâtissait en Espagne et fait l'éloge de leur indestruc-
tible solidité (3). Les Goths employèrent le même procédé, qu'ils
appelaient « formatum ». Alphonse III, dans un document,
parle « de petra et luto opere parvo », au sujet du tombeau de
Saint-Jacques. C'est en tapia que les Euskariens touraniens bâtis-

(1) *Cob* vient probablement de *kop*, tête, signifiant en vieux hollandais et
anglo-saxon toute chose ronde comme la tête. Entre dans le mot *kop-mabbe*
(anglicé *cob-web*) tête d'araignée, « parce que, dit Skinner, les araignées
bâtissent *in culminibus œdium* ». Tout ceci indique que le cob-wal (*wal*, mur,
en espagnol *tapia*) comme le tapia étaient primitivement employés dans les
ouvrages de forme circulaire, pour lesquels ces pierres rondes sont si bien
appropriées.

(2) Espagnol, *pared*, paroi ; provençal, *paret*, d'où la *maysou deu paret*, du
Béarn ; tous du grec *peri*, autour, et tirés du sanscrit *pâr*, protéger.

(3) H. N. xxxv.

sent les murs des villes de l'Ibérie, dont il reste des vestiges dans les soubassements des murs d'enceinte de Séville, d'Alcala de Guadaira, etc.; en tapia que furent élevées les nombreuses « atalayes » (arabicé *taliah*, de *talea*, monter) que les Carthaginois convertirent en tours de vigie, en phares, d'où les *turres speculas*, de Pline.

Voyons maintenant la part des Celtes dans la construction de la maison basque.

Nous n'écrivons pas l'histoire des peuples basques ; notre but est de prendre quelques notes et de présenter quelques réflexions au sujet des origines et du caractère de leurs demeures. Nous croyons pouvoir ramener les transformations, nous ne dirons pas de l'architecture, ce serait trop ambitieux, mais de la construction euskarienne, à deux grandes évolutions : l'ère ibérienne de la maison circulaire bâtie par une race tourannienne vouée au culte *ancestral ;* et l'ère forale de la maison à comble, introduite par des peuples aryens, ayant le travail pour idéal, et dont les fors, inspirés par l'esprit chrétien, ont définitivement arrêté les formes, produit la variété et déterminé le caractère actuel.

Les Celtes qui succédèrent aux Ibères ont envahi l'Espagne à différentes reprises. La première invasion y amena des peuples appartenant, selon toute probabilité, à l'arrière-garde des Touraniens, ou, si l'on aime mieux, à l'avant-garde aryenne. De toute façon, leurs conceptions religieuses ne s'éloignaient pas beaucoup de celles des Touraniens, et c'est bien à cause de ces affinités que la fusion des Celtes et des Ibères fut immédiate (1).

Avec les invasions qui suivirent vinrent des peuples de vue aryenne plus pure (2). La première arriva des plaines de l'Asie-Mineure, suivit la côte septentrionale de l'Afrique, traversa le détroit de Gibraltar, fonda la *Celtique*, dont parle Strabon, dans

(1) Dans le mélange des Celtes avec les Ibères, nous dit Humboldt, c'était le caractère ibérien qui prévalait. Politiquement, le premier rang doit appartenir aux Celtes. Les Ibères sont différents des Celtes, mais on ne peut nier toute parenté entre les deux nations.

(2) Les Celtes n'était pas Aryas.

le sud-ouest de l'Espagne, pénétra dans la Lusitanie, la Galice, les Asturies, les Pyrénées, et, suivant les côtes Atlantiques, traversa l'Armorique et s'arrêta en Irlande. Les migrations postérieures franchirent le Bosphore et, suivant la vallée du Danube, lancèrent des hordes en Italie, tandis que la partie la plus nombreuse occupait la Gaule et la Belgique (principalement la Narbonnaise, l'Aquitaine et la Lyonnaise) (1) et rejoignirent le premier tronçon en Bretagne et en Irlande. Mais qu'il s'agisse des uns ou des autres, leur influence ne modifia sensiblement ni la grammaire basque, ni la construction basque, ni le génie basque, s'exerçant surtout sur le vocabulaire, sur certains détails constructifs et sur certains usages. Ils donnèrent une plus grande importance à la demeure elle-même, et probablement introduisirent dans la propriété le régime du partage annuel des terres, la mise en commun des fruits, etc. La guerre est la passion dominante du Celte, la guerre pour la guerre et par amour de la gloire ; vient ensuite, sinon en même temps, l'amour... de l'amour ; l'admiration pour tout ce qui est beau, le goût de tout ce qui séduit l'imagination, la passion des fêtes de l'esprit, de tout ce qui dans le cœur, dans la vie, dans les astres, dans le ciel, chante, brille, réjouit, émeut, trouble jusqu'aux larmes. Les neuf dixièmes de la littérature lyrique de l'Europe est d'origine celtique. Quant aux arts, le sentiment de la forme, le goût de la peinture sont de sève non moins celtique. Il est probable que les Celtes, guerroyeurs par excellence, multiplièrent les tours de défense et leur donnèrent dans le pays Basque une importance très grande. Le type le plus parfait des anciennes habitations germaniques et gauloises qui nous soit parvenue est celui d'une maison circulaire assez semblable à l'urne funéraire, représentant une maison étrusque récemment découverte à Castel-Gandolfo,

(1) Le fond de la population gauloise subjuguée par les Celtes était constituée par les Ligures et les Sicules dont on doit chercher le berceau en Lybie et en Numidie. Les invasions greco-phrygiennes furent postérieures. (*Homogénie Gauloise*, de M. de Belloguet). Je croirais plutôt avec M. Bertrand à la parenté des Gaulois avec les Touraniens.

aujourd'hui aux musée de Berlin. L'éminent archéologue M. Alexandre Bertrand, membre de l'Institut et directeur du Musée des Antiquités nationales à Saint-Germain, consulté par moi à ce sujet, a bien voulu me donner les renseignements suivants : « Je voudrais bien pouvoir vous donner des renseignements précis relatifs à la forme des maisons gauloises ; malheureusement nous sommes sous ce rapport réduits à ce que nous apprennent les textes : à savoir que ces maisons étaient de forme ronde ».

Quant aux *Phéniciens*, leur influence fut nulle sur la construction des Celtibères. Peuple commerçant, industriel et très pratique, ces Anglais de l'antiquité étaient trop pressés de s'enrichir pour avoir le temps d'inventer un style d'architecture. Copier celui des autres était plus facile et plus commode, et c'est aussi le principe qu'ils observèrent invariablement.

Les trois siècles que dura la domination Romaine en Espagne marquèrent une ère de paix et de prospérité ; ce qui prouve de la part des vainqueurs une bonne administration et chez les vaincus témoigne de bonnes dispositions à se laisser civiliser, c'est-à-dire exploiter selon les procédés Romains. Ces dispositions formelles provenaient en partie de certaines affinités et de certaines analogies de culte. L'assimilation dut être plus rapide qu'on ne le pense ordinairement et la romanisation de la Celtibérie s'effectua assez facilement partout, excepté dans les provinces pyrénéennes où, la configuration aidant, la résistance fut longue, sans parler du patriotisme, si ardent et si tenace aux pays de montagne, les martyres étant elles-mêmes un héroïsme de la nature. Mais de grandes voies romaines (1) traversaient le pays Basque : autant de sillons au fond desquels Rome laissait tomber des mots magiques qui faisaient lever des moissons de villes, de bourgades, de foyers de vie et de richesses (2). Nous

(1) Celle d'Astorga à Bordeaux, reliant Pampelune, Roncevaux, Garris et Dax ; celle de Dax à Tolosa ; celle qui, passant par Hasparren, Bonloc, reliait Bayonne à la voie d'Astorga à Bordeaux, etc.

(2) Des ruines d'habitations de luxe et des inscriptions romaines sont disséminées à Bielle, Gan, Taron, Bayonne, Hasparren, Tardets, etc. (Haristoy, *Recherches historiques*). En 1860, on trouve des monnaies romaines dans la lande de Hasparren, etc.

croyons donc que les Romains n'imposèrent pas uniquement leur langue, leurs lois, leurs institutions, mais qu'ils imposèrent, avec leurs mœurs, l'expression la plus vivante de ces mœurs, leur type de maison. Partout où l'influence romaine a pénétré, on retrouve la maison à comble à double pente. Ce ne sont certes pas les Romains qui l'ont inventée. Le peuple qui en arriva presque à déifier les ponts, les aqueducs, les routes, ne comprenait pas l'utilité divine, sans laquelle le boire et le manger sont pires qu'inutiles. Comment eût-il conçu des formes d'art ? Le type est né chez des peuples qui voyaient la terre de plus haut et le ciel de plus près. C'est le ziggurah ou cella qui couronnait les temples Chaldéens et dont le tombeau dit de Cyrus, à Panargade, nous donne une idée très exacte. Le germe du comble se trouvait déjà dans le triangle des pyramides. Le ziggurah en est comme le bouton, dont la fleur atteignit son complet épanouissement dans les temples grecs et lyciens.

Nous ne connaissons pas bien encore toute la valeur de l'influence romaine dans les Landes, le Béarn, le pays Basque, sur les mœurs, la nature de la propriété, le régime municipal, le droit privé, de ces peuples connexes. Ce n'est pas seulement « sur les bords de la Garonne, dans le Languedoc et la Provence que l'on trouve des habitations rurales rappelant les maisons des champs des peintures antiques » (1).

Nous écrivons ces pages en plein pays Basque, et de nos fenêtres nous avons constamment sous les yeux une maison ou plutôt un hangar de paysan basque, large, spacieux, possédant des portiques ou plutôt des appentis à jour bas, sous lesquels sont rangés des outils, des charrettes, et s'abritent les ouvriers de la terre. J'en connais bien d'autres, non loin de Bayonne, près d'Hasparren. Les plus anciennes datent du XVI et XVIIe siècles, et on en construit encore aujourd'hui, comme faisaient les Romains, c'est-à-dire en briques crues et en briques et cailloux. Mais tandis que dans les villes riches du midi et du sud-ouest de l'Espagne on bâtissait la maison à comble en belle pierre ou en maçonne-

(1) Viollet-le-Duc, *Dictionnaire de la Maison*, 196.

6-7. Maisons hispano-mauresques à Azcoïta et à Zarauz, en Guipuzcoa

rie, effaçant ainsi les traditions euskariennes (si ce n'est dans le plan intérieur), dans le nord de l'Espagne, où les forêts abondaient davantage et où le luxe n'existait pas, on la construisait à pans de bois hourdés de briques, sur un soubassement en maçonnerie, sur un plan carré, avec des galeries au premier et des portiques au rez-de-chaussée, ouvrant sur une grande cour intérieure à ciel ouvert, dans laquelle on battait le froment, on épluchait le maïs. La toiture était couverte en tuiles plates ou creuses, innovation également due aux Romains; car Vitruve remarque la rareté des toits en tuiles des maisons espagnoles, qui, avant cette époque, étaient couvertes en bardeaux de chêne ou d'autres bois. Le plafonnage à poutrelles de la maison basque est un procédé romain.

Les *Goths*, Aryas pur sang, qui fondirent sur l'Espagne au IVᵉ siècle, n'avaient pas d'art, et étaient d'ailleurs aussi antipathiques au génie celtibère que les *Maures*, cette autre inondation humaine. L'architecture privée de l'Espagne leur fit cependant plus d'un emprunt, dont les Basques tirèrent profit: tels que l'emploi du plâtre, le badigeon, les menus travaux de menuiserie, le procédé constructif des encorbellements, des auvents très saillants, des bretèches, ou *miradores* (le *moucharabieyh*), la fenêtre accouplée en *agimez* (1), les plafonds à caissons et en marquetterie (*artesonados et ataraceas*); l'extension donnée aux dallages (*azulejos*); à l'appareil en brique, etc. C'est aux Maures que nous devons les murs éclatants, étincelants de blancheur de la maison basque, qui la rendent si fraîche et si riante et font ressembler les villages de ce pays à un gracieux campement. Leur emploi du plâtre, le *tarkish*, que les Espagnols appelaient « lienzos de *Almizates, Almocarabes, Aparacas* », a laissé plus d'un vestige dans le pays Basque espagnol, où l'on admire encore sur les murs des maisons de Corella, Deva, Vera, etc., d'immenses panneaux de bas-reliefs en plâtre représentant des

(1) Arabice, « ouverture ou piège à rayons de soleil ». C'est une fenêtre divisée au milieu par une colonnette en marbre. On en voit à Ossès, Azcoitia, etc., où le marbre est remplacé par le bois ou par le fer.

combats de navires, des chasses, etc. L'usage des ornements en plâtre appliqués aux corniches, aux frises, etc., s'est conservé dans le Béarn, dans la Basse-Navarre. Quant à la construction elle-même des maisons, sauf certains détails de l'ornementation des cours intérieures ou *patios* (l'*oust* arabe) commune aux Maures et aux Chrétiens, elle ne se ressentit aucunement du contact des premiers. Il y eut, cependant, des « imitateurs des Arabes », des *mùsta'rabs,* dans le pays Basque, comme dans l'Aragon et le reste de l'Espagne, qui bâtirent quelques maisons dans le goût mauresque. On en voit des échantillons à Zarauz, Azpeitia, Azcoitia, etc.

Mais un fait immense s'était produit dans le pays Basque bien avant l'invasion des Goths et des Arabes, l'introduction du christianisme. Et ce fait avait opéré dans la conscience une révolution dont les effets se montraient dans toutes les manières d'agir et de penser, de concevoir l'institution de la famille, d'envisager la propriété, de construire la maison. Déjà au contact de ce culte le cerveau de l'Ibère s'était enrichi d'une faculté qui lui faisait complètement défaut, l'abstraction. Dès lors il cessa de confondre l'âme humaine et les grandes forces de la nature avec Dieu placé en dehors et au-dessus. Le christianisme renfermait toutes les puissances de voir et de comprendre parce que, avant tout, il était un approfondissement de l'amour. L'homme ne se contenta plus de poussière, de rites et de traditions, et, pour étancher sa soif, trouva le cœur de l'homme trop petit. La religion dépassa le seuil de la maison, cessa d'être un culte égoïste et étroit, exclusivement domestique. Sur le sommet du Golgotha, dans un élan d'amour grand comme sa douleur, le Christ ouvrait tout grands ses bras pour embrasser l'humanité entière dans l'espace et dans le temps. Ce fut là la plus grande des miséricordes divines. Un torrent d'amour descendit du cœur saignant de Jésus-Christ et inonda la terre, la noyant de grâce et de pitié, s'infiltrant, s'insinuant en sorte que pas un grain de sable n'eût à se plaindre de n'être pas aimé. Ce jour, si grand pour la gloire de Dieu, vit naître avec la liberté de l'homme sa responsabilité individuelle.

14. Dans la Calle-Grande,
à Fontarabie en Guipuzcoa.

15. Le 22 de la calle del Pompino,
à Fontarabie.

Les horizons humains reculèrent jusqu'aux bornes de l'infini et la société fut définitivement assise dans la justice. Les pénates domestiques furent renversés ; les foyers éteints. Les ancêtres ne furent plus des dieux, mais de pauvres êtres comme nous, tremblants le péché, qui, vivant dans la nuit de leur existence avaient tâtonné, cherché le chemin qui mène à la vérité et, qui, une fois morts, trouvaient pire que la mort ou mieux que la vie. Dieu ne se contenta plus du breuvage et de l'aliment, mais demanda l'humilité. Croyant en Dieu, « notre Père qui est aux cieux », le Basque voulut que l'autorité du père sur la terre prit, elle aussi, une expression plus haute et plus spirituelle et que sa dignité s'accrut de la vénération du fils, qui se substitua à la passive obéissance. La femme, que le vieux culte reléguait au-dessous de l'homme, devint moralement son égale, car le Christ voulait que sa mère fut honorée. Partant, la propriété ne découla plus de la religion, qui en faisait un rite, mais du travail, qui en faisait une récompense. En un mot, grâce au divin charpentier de Nazareth, l'homme, cet éternel rien, put devenir un effet. La volonté fut sacrée reine du monde et posa son trône sur les ruines de la fatalité. Les races cessèrent d'exister.

Sous cette inspiration chrétienne le droit privé des Basques subit de profonds changements. L'autorité paternelle fut tempérée. L'exhérédation continue d'exister, mais la protection accordée aux enfants la rend presque illusoire. Elle cesse d'être absolue et, dans certains cas, on lui adjoint un conseil de famille, voire même, « quand il n'y avait pas de chef capable dans une famille, un étranger y était adopté expressément *ad hoc* » (1).

Le droit d'aînesse, absolu dans l'antiquité euskarienne, à ce point que Laferrière dans son *Histoire du droit français* n'hésite pas à lui reconnaître « une origine antique, profonde, tenant à la race même », devient non plus un droit commun à tous, mais un privilège. Les vilains n'en jouissent pas, car la loi successorale

_____

(1) *Derecho consuetudinario del Alto Aragon*, par don J. Costa. Madrid 1880. Cité par M. Webster dans le *Bulletin de la Société des Sciences et Arts* de Bayonne.

en Navarre ne s'applique pas aux vilains, ni la leur aux esclaves. La fille hérite, aussi bien que le fils aîné, c'est-à-dire, la fille aînée d'un premier mariage, et en succédant exclut tous les enfants des autres mariages. La coutume de Soule accorde aux maisons des statuts particuliers :

— En la paroisse et bourg de Montory, héritent les fils, excluses les filles.

— Ès maisons fivatières (2) de la maison d'Athaguy d'Alsay, hérite et succède le premier, soit fils ou fille indifféramment. Et ès botoys (3) de la dicte maison d'Athaguy, hérite le fils, excluses les filles.

— Ès maisons d'Etchart et de Qucheillau, qui du lieu d'Espes, érite l'enfant premier-né, soit ce un fils ou une fille indifféramment (1) ».

La « seigneurie » de la maison est souvent partagée. Elle l'est surtout lorsque l'héritier se marie dans la maison et remet la dot au père, dont il devient le « co-seigneur ». On dit alors, dans le pays Basque, « les sieurs ou seigneurs jeunes », et « les sieurs ou seigneurs vieux » de la maison. En Navarre, au mariage de la fille héritière, son mari appelé *adventice* devenait le propriétaire de la maison, et prenait le nom et les armoiries et perpétuait la famille. Chez les Euskariens primitifs, il n'existait qu'une catégorie de biens immobiliers. Le for en distingue de trois sortes : 1° les biens *avitins* (d'*avus*, aïeul) que l'on tenait des ancêtres, ou du moins, de l'aïeul, qui reviennent à l'aîné et dont on ne pouvait disposer que sous des conditions très rares ; ils sont appelés quelquefois *pappos*, aïeul ; 2° les biens *paternaux*, entrés dans la maison du temps du père ou de la mère, appelés aussi *biens de souche* qui pouvaient être donnés ou vendus en faveur d'un enfant, sans pouvoir, cependant, déshériter les autres ; 3° les *acquêts*, ou biens acquis par l'industrie des parents ou autrement

(2) Fivatiers, en Soule, des tenanciers et sujets du seigneur cavier (cavalier, chevalier) auquel ils doivent cens, rentes et autres devoirs.

(3) *Botoys*, tenancier de la Soule, supportant les charges réelles comme tailles et autres de leur seigneur foncier.

(1) *Les coustumes générales du pays et vicomté de Sole,* Pau, 1760. — *Commentaires sur la coutume de Soule,* Ms-autographe, pages 222-229, etc.

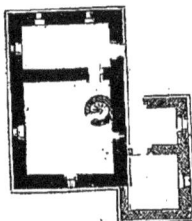

8. Château de Saint-Pée, en Labourd.

9. Château de Belsunce, en Arberoue

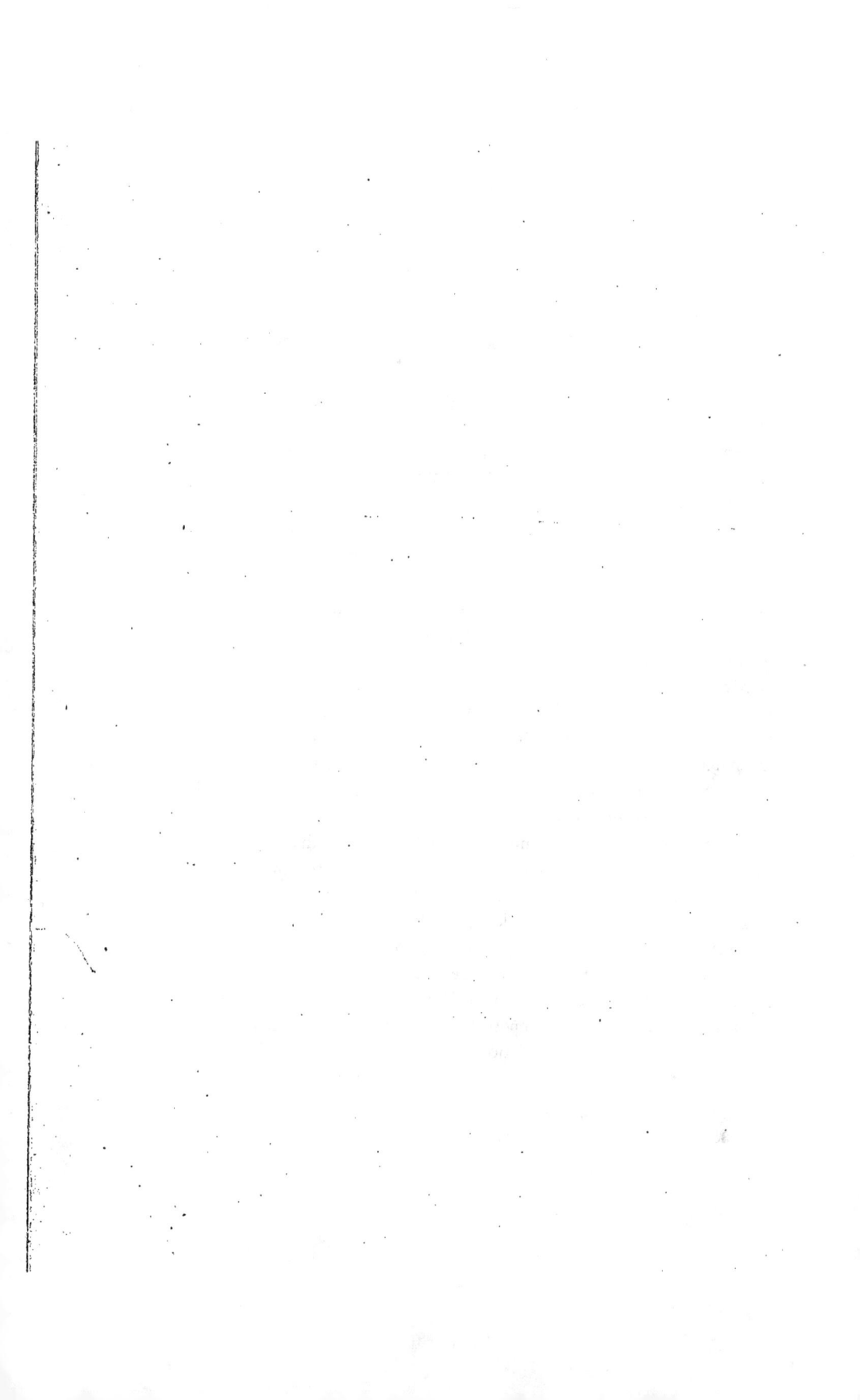

et distribués également entre les fils cadets. En cas d'insuffisance il est permis aux pères et mères de *toucher honnêtement* et *modérément* aux biens avitins.

L'éducation, dans les fors, préoccupe beaucoup les parents. Ils y voient surtout ce qu'on doit y voir : la manière de former le *caractère*, et non de développer exclusivement cette pauvre *intelligence*. En ceci, comme en beaucoup d'autres choses, les Basques sont plus clairvoyants que nous. « Il peut advenir, dit Béla, que leur père et mère *dépendent* leurs biens propres pour l'avancement de leurs enfants, ni autrement leur baillent si bon commencement en la société, que lesdits enfants sortent pleins d'honneur, qualifiés et emmoyennés, quoique issus de maison qui était et qui est petite » (1). Et dans son style souvent piquant, il dit encore qu' « il faut que tous les chefs de famille mettent ordre que leurs membres *recte vivent* et puisque *recte vivere est secundum virtutem vivere* ; ledict soin de l'éducation de la jeunesse est nécessaire en ceux qui y ont de l'intérest, et doivent en responde devant Dieu et devant le monde » (2). Voici, de plus, une excellente définition de l'éducation que nous trouvons dans un chapitre du for de Navarre (1) : « Tout homme sage envoie son fils à un autre homme sage pour l'initier aux bonnes coutumes. Ce fils est bien reçu et on l'aime beaucoup. Si, par aventure, il arrive que le jeune homme fasse mal au lieu de faire bien, celui auquel il avait été confié pécheroit mortellement en ne le châtiant pas. C'est en effet un péché mortel de ne pas corriger ceux qui vivent de notre pain, lorsqu'ils font le mal, ou de ne pas avertir leur seigneur. Mieux vaut être mort que de contracter de mauvaises habitudes, parce que ces mauvaises habitudes engendrent des maux et jamais aucun bien ».

La société basque des fors repose toujours sur la famille, mais celle-ci est devenue une association de travailleurs unis par les liens du sang, où la loi morale est strictement enseignée et

(1) Béla, ouvrage cité, page 447.
(2) Béla, *Commentaires sur le livre* XVII.
(3) Livre VI, titre IX, chapitre I.

observée, le pain quotidien assuré par le travail et l'atelier protégé, ainsi que le capital et les ouvriers, par ceux à qui incombe cette protection, en échange de certains services. Cette protection des classes dirigeantes s'appelle privilége et ces services sont des impôts de sang, d'argent ou de nature. Toute personne, toute famille, tout métier, tout village, ville ou province, est l'objet d'un privilége, accordé en récompense d'un service (1). Ces priviléges, imposant des droits et des devoirs, furent consignés et définis dans les chartes ou lois spéciales appelées *fueros,* dont le plus ancien serait, dit-on, celui de *Jaca,* et, après, celui de Sobrarbe, concédé, en 1117, à Tudela, par Alphonse, roi d'Aragon et de Navarre ; mais il est certain qu'il y en eut de bien antérieurs. Ces fors se multiplièrent à mesure que les Maures furent repoussés et que les rois de Navarre, sentant la nécessité d'attirer les populations dans les pays conquis, de les rassurer, de les protéger et, en même temps, d'obtenir leur aide, leur concédèrent de grands priviléges, tout en exigeant des droits compatibles avec la dignité d'hommes libres et les droits de « premiers occupants du sol », que réclamaient les Basques (2). La féodalité a parfaitement existé dans le pays Basque, mais mitigée d'abord par la persistance de l'élément romain resté prépondérant, et, ensuite, par la résistance de la race à toute tyrannie grande ou petite. Les fors eurent pour effet, Sempere le constate, « d'améliorer l'état des personnes,

(1) Aussi est-ce un proverbe basque de dire : chaque pays a sa loi et chaque maison sa coutume : *Herriac bere legue ; etcheac bere artura.* N'oublions pas que le moyen âge aimait le privilége autant que notre époque prétend aimer l'égalité.

(2) Le vieux droit navarrais est la résultante de trois facteurs : le droit des gens, commun à tous les peuples ; le droit romain, *el derecho* ; les fors ou coutumes et priviléges, dont les plus anciens remontaient à 716, lorsque les Basques se rangèrent sous les ordres de Garcia Ximenes, probablement un Goth, un simple chef plus puissant que les autres. Ces coutumes, sans être fixées par l'écriture, se transmettaient intégralement de génération en génération. Les plus vieilles coutumes écrites sont les *Usages de Barcelone,* rédigés, en 1060, par Raymond le Vieux.

de diminuer les droits seigneuriaux et le pouvoir absolu de la
royauté, en même temps qu'ils assuraient les libertés et les franchises du peuple ». La noblesse basque était réelle, faisait partie
du sol de certaines maisons, ce qui fait que tout membre d'une
famille possédant durant un siècle la même maison noble était
réputé gentilhomme. L'origine de cette noblesse vient des
Etcheco-Yaunas, seigneurs de maisons importantes qu'ils possé-
daient avec les terres en franc alleu naturel et d'origine, le
pays Basque n'étant pas un pays de conquête. C'étaient ces
grands propriétaires qui formaient le conseil, le *bilçar*, appelé à
juger et à diriger les affaires des petites républiques aristocratiques qui succédèrent aux petites monarchies absolues.

Du temps des Goths, il n'existait en Espagne que deux classes
d'hommes : ceux qui étaient libres et ceux qui ne l'étaient pas.
En Navarre et dans tout le pays Basque jusqu'au XIVᵉ siècle, la noblesse se composait de *ricombres* (1) et de *caballeros*, chevaliers (2).
Les seigneurs ayant des serfs qu'ils menaient à la guerre, avaient
le titre d'*infanzon* (3) très envié à cause des priviléges qui y
étaient attachés. Des chartes nobiliaires furent quelquefois con-
cédées à des populations en masse. En 1435, presque tous les
habitants d'Arberoue, dans la Basse-Navarre, furent infançonnés.
Les *écuyers*, *escuderos*, étaient des nobles ayant peu de fortune,
qui suivaient d'autres plus fortunés à la guerre, portant son

(1) Les hommes riches, mais plutôt, *puissants*. Cette noblesse, qui ne fut
jamais héréditaire, fut abolie au XVIᵉ siècle et remplacée par la *grandesse*. Ce
fut Charles III qui créa l'hérédité des titres qui jusque-là étaient personnels.

(2) D'après certains auteurs, les Celtes (Kélétés en grec) étaient des cavaliers d'origine phrygienne formant la caste aristocratique de la Gaule druidique et habitant des tours, au moyen desquelles ils dominaient le pays. Leur
étendard était *rouge*. C'était aussi la couleur du manteau et de la houppelande
que portaient les chevaliers navarrais, le jour de leur réception.

(3) D'*infant*, d'où vient *fante*, petit garçon, valet, qui suivait le chevalier
à la guerre. Les infanzons servaient comme capitaines dans l'infanterie, la
milice d'élite.

casque, son écu, etc. Les fors, en parlant des nobles, se servent indifféremment des mots *hidalgos* ou *infançons* (1).

Avant le démembrement de la Navarre, les rois avaient créé tant de nobles qu'un sixième de la population était composé de gentilshommes. Le peuple avait une hiérarchie, tout comme la noblesse, qui se décomposait de la manière suivante :

1. Voisins, vezinos. L'homme du bourg (vicus), le citoyen, jouissant de tous les priviléges possédés par la communauté, participant à l'administration et à la jouissance des biens communaux. Le mode d'acquérir et de perdre la *vecindad* est déterminé par les fors avec le plus grand soin. Le régime vésial se rencontre dans les Pyrénées françaises, en Catalogne, Provence, etc., sous différents noms, tels que *vézi*, en Provence, *véhi*, en catalan, *béziau*, *bézial*, en gascon (2).

2. Ruanos, de *rua,* rue, étaient des *artisans* et des *marchands* et généralement se disait de ceux qui ne travaillent pas à la terre et demeurent dans des villes.

3. Laboureurs, labradores, tous gens tributaires : se disait surtout des vilains qui travaillaient pendant un certain nombre de jours sur les terres du roi, du seigneur, ou d'un monastère et, en échange, avaient droit à un repas, *condidura.* Ces paysans prenaient de là plusieurs noms ; ils étaient *realengos, solariegos,* ou *abandengos.*

4. Les *francos* formaient une classe intermédiaire entre les nobles et les vilains. Ils jouissaient de franchises, comme les nobles et payaient tribut comme les vilains. Ils nommaient leurs officiers municipaux et avaient des juges autres que ceux des nobles. Le mot vient de la racine gothique *freis,* libre, d'où procédait probablement aussi le nom du peuple franc. Je crois que dans tous ces noms de classes on découvrirait des populations distinctes et hostiles à l'origine.

(1) *Hidalgo* vient non de *hijo de algo,* mais de *aduluigi,* qui chez les Goths et les Lombards désignait les hommes libres, nobles.

(2) Le latin *vicinus* vient de *vicus* (archaïque *veicus*) *rue,* qui se rattache au grec *oïxos,* sanscrit *véça,* maison, ce qui confirme la synonymie entre voisin et paroissien.

5. Les *vilains*, villanos, primitivement de villanus, habitant d'une villa, ou ferme romaine — c'est-à-dire, ici, d'un village doté de quelque privilége. C'était essentiellement un *péchero* (1), un tributaire, une sorte de serf attaché à la terre et, en Navarre, vendu comme immeuble par destination, mais pouvant se racheter.

6. *Esclaves.* Les Goths d'Espagne avaient conservé le droit romain sur l'esclavage. Les fors de Navarre ne reconnaissent ni serfs proprement dits, ni esclaves, autres que les ennemis du Christ, qu'on faisait prisonniers à la guerre. Cependant le trafic et la vente des esclaves continua jusqu'au xve siècle.

En 1330, sous Philippe III, on ne distinguait plus que trois classes dans la société basque : les nobles (hidalgos) ; les bourgeois (ruanos) ; les paysans (labradores) (2). A chacune de ces classes les fors attribuaient une catégorie spéciale de maisons, dont ils réglaient les dimensions, etc. Nous allons observer cette classification et étudier successivement la *maison noble, la maison des villes, la maison des champs.* Comme les fors, comme la langue, le mode de construction diffère de province à province. Ce sont des dialectes de la même langue architecturale et dans tous on y dit les mêmes choses. La construction labourdine est peut-être la plus pure ; dans la Soule, elle subit les influences béarnaises ; dans la Basse-Navarre ces influences sont plutôt espagnoles. Dans les provinces basques espagnoles la maison du Guipuzcoa emprunte certains caractères à la Castille et la Biscaye

(1) Serait-ce la classe ou la caste inférieure des *pekh* ou *pech* d'origine éotienne, venus de Phrygie dans la Gaule sous la conduite des druides, précédant les Celtes, chevaliers, qui les dominaient du haut de leurs tours et dont les couleurs nationales étaient le noir et le blanc ? Les Maures, lorsqu'ils servaient sous un roi chrétien, ou étaient admis à résider en Navarre, étaient considérés comme nobles parce qu'ils se battaient à *cheval* et exerçaient des commandements.

(2) Les fors différaient de province à province, de ville à ville, mais ne variaient pas essentiellement. L'esprit qui les anime tous est le même et se résume le plus complétement dans les lois de la Navarre que nous avons spécialement mises en relief.

fait de même, tandis que la Navarre (et aujourd'hui l'Alava) est plutôt aragonaise que castillane. On peut affirmer d'une manière générale que les meilleurs types de la construction en bois se trouvent en France, et les meilleurs types de la construction en pierre dans la partie espagnole. Les uns ne sont pas antérieurs aux autres et l'étude des deux styles est indispensable à qui veut arriver à des conclusions relatives à l'origine et aux transformations successives de la maison basque.

LA MAISON NOBLE

Il est plus que probable que déjà du temps des Ibères, les grands propriétaires du pays Basque fortifiaient leurs domaines seigneuriaux par des tours et des fossés. Si on n'en retrouve pas les vestiges, c'est parce que de même que leurs tours de sacrifices, qui étaient ou qui devinrent la même chose, on les bâtissait en terre. La même observation et la même explication pour les églises basques antérieures au xvi⁰ et xvii⁰ siècles, dont datent la plupart de celles que nous connaissons. Il est, d'ailleurs, présumable que les châteaux-forts dont nous voyons les ruines à Saint-Pée, Belsunce d'Ayherre, Espelette, Bidache, Guiche, Came, Garro, Luxe, Echaux, Armendaritz et cent autres, tant en France qu'en Espagne, furent plus d'une fois reconstruits sur le site de quelque *tour* ibérienne ou celtique. Ces tours-manoirs, servant à la défense et, jusqu'à un certain point, à l'habitation des *Etcheco-Yaun* des temps primitifs, étaient généralement situées dans une position forte, entourée de marécages et de forêts, dans le voisinage d'un cours d'eau. Elles servaient aussi de points de ralliement, de refuges, de magasins d'armes et de munitions de guerre, de dépôts d'approvisionnements. C'est probablement à l'époque de l'invasion des Maures dans le nord de l'Espagne que les *Etcheco-Yaun* chré-

10. Eskerrenia, à Saint-Jean-de-Luz

11. Maison de la rue Poissonnerie, à Bayonne

12. Chachtriaenea à Ossès, en Navarre

13. Dailbeitia, Saint-Jean-de-Luz

tiens rebâtirent leurs tours en pierre et en maçonnerie (1), en imitation de ce qui se faisait dans les plaines de la Castille, royaume qui tira son nom du très grand nombre de châteaux élevés sur la frontière de Léon et des Asturies (2). Il y avait deux sortes de résidences seigneuriales dans le pays Basque : le château fort, *gaztelua*, de l'espagnol *castillo* (lui-même de castrum, d'où tous les *castres* béarnais), et qu'on appelait encore castro, comme le castro de Luçaïde, celui de Oyarraguy, etc., et quelquefois tout simplement des *maisons fortes* (fortifiées) (3) ; ces bâtisses n'étaient jamais bien hautes, et un ancien for défendait d'en élever la tour (*dorrea* en basque) au-dessus de la hauteur du fer de la lance d'un cavalier monté. Leur principale défense provenait de leur position et de la grande épaisseur de leurs murs. Le plan des plus importants *gaztelua* est un carré long et étroit, flanqué de tours cylindriques, avec une cour intérieure au milieu de laquelle s'élève le donjon. Tout autour de cette cour régnaient des galeries ou portiques, dont on peut encore se rendre compte. Il y a là des données intéressantes pour une étude plus approfondie que la nôtre de la maison basque primitive, dont on retrouve ici des vestiges. Il est probable que la maison-forte ou le manoir de l'*Etcheco-Yaun* des temps primitifs et tel qu'il continua d'être lors de la conquête

(1) En 1413, Henri V d'Angleterre ordonne de détruire « la forteresse de *pierres* » construite près de Bayonne par le seigneur d'Espelette. Le roi possédait en propre, à Ustaritz, un château (castrum suum sive mottam), un moulin et des revenus.

(2) Les Arabes l'appelaient *Adhu-l-Kilà*, le « Pays des Forteresses », et aussi *Kashtellah*, de castella, car déjà du temps des Romains ce pays était couvert de châteaux-forts. Les Romains, en arrivant en Espagne, furent frappés du nombre des fortifications, des tours, des murs fortifiés qu'ils remarquaient. (Tite Live, XXII, 19 ; Appien, 467 ; Hirtius, 8). La Castille est essentiellement ibérique.

(3) *Casas fuertes* des Espagnols, les *strongholds* anglais. Les *casas solares* d'Espagne furent fortifiées à l'époque des guerres intestines des Gomboines, etc. Le rez-de-chaussée seul était fortifié, les « juntas » défendant de fortifier les étages supérieurs.

romaine, était, comme plan général, une enceinte de palissade, entourée de fossés, sur une hauteur, d'une forme ovale. Au milieu s'élevait un grand tertre factice ou motte, défense principale, qui devint le donjon et était la demeure de l'*Etcheco-Yauna*. Un espace devant, entouré de pierres brutes rangées circulairement, indiquait la place des assemblées. L'enceinte renfermait les bâtiments nécessaires au logement des fermiers, journaliers, serviteurs ; aux écuries, étables (bordes), etc. En dehors de l'enceinte, souvent à une assez grande distance, se trouvaient les *tumuli* recouvrant les ossements des membres de la famille.

La deuxième catégorie de résidences seigneuriales était constituée par la *salle* ou *jauregui* et « jauntegui ». En Basse-Navarre on disait *palacio* et *salle* ; en Soule *domec* et *salle*. C'était la résidence d'un seigneur, dans une ville ou dans un village, la plus considérable maison noble qu'on y voyait. Béla fait venir ce mot *domec* du latin *census dominicatus* ; ou de *agros dominicatos* (choses du seigneur). « Témoin qu'en l'idiome basque, telle maison est dicte *jauregui*, quasi *jaunen eguin* pour *jauntegui*, id est en françois logement de domination, ou lieu de domination. Et s'il y avoit des maisons nobles en un village, posé le domec pour la plus considérable d'icèles ; on baptisoit l'autre la *sale* (en latin aula), ce que les maistres et maistresses desdicts domecs précèdent ès prières ecclésiastiques et autres honorifiques, les maistres et maistresses des sales d'un même vilage, estant à l'instar de ce qu'en un bâtiment, le corps de logis en sa généralité est plus estimé qu'une ni autre des sales d'iceluy, laquelle n'est qu'une partie du tout » (1). La salle est ainsi nommée probablement de l'importance de la salle dans laquelle avaient lieu les grandes réceptions officielles. C'est toujours la disposition touranienne des locaux, subordonnés à une pièce principale qui est le parloir ou lieu d'assemblée, la *salle*, qui dans les habitations françaises est la pièce principale.

(1) Commentaire sur le titre XVII de la *Coustume de Soule*, article III, page 220.

16. Apalatzia, à Ossès, en Basse-Navarre.

17. Maison de Souraïde, en Labourd.

Au xviie siècle elle fait place à des chambres (1). C'est le *hall* des Anglais, qui donne également son nom à une maison quasi seigneuriale, le *patio* des Espagnols-Mauresques, l'*oust* des Arabes, le *to meson* de Saint-Luc, le *sélamlik* de toute habitation luxueuse de Bagdad ou de Bassora (2). La salle, domec et jauregui, était généralement une maison de grandes dimensions, flanquée d'une tour. Elle était la demeure et la propriété d'un noble appartenant à une catégorie quelconque de la noblesse excepté à l'*infansonat* et possédait toujours une chapelle. Il est même probable qu'un certain nombre d'églises basques ont été bâties sur l'emplacement de ces chapelles particulières, près desquelles était souvent le cimetière de la famille, devenu de même plus tard le cimetière de la paroisse.

La maison infansonne formait le centre d'un domaine plus restreint ; elle ne possédait pas de tour, et variait comme dimensions. Sur la façade principale, le plus souvent au-dessus de la porte, on plaçait les armoiries en pierre (3). Ces maisons jouissaient du droit d'asile et de l'imminuté d'impôts. Quoique appartenant à la petite noblesse, on en comptait moins de cent en Basse-Navarre, au commencement du xviiie siècle. Toute maison infansonne devait nécessairement posséder un « ayriou » (une ère), une grange, une étable et une *borde*. Nous considérons comme types de la maison noble du pays Basque français : la maison *Eskerrenéa*, à St-Jean-de-Luz, du xve siècle (4) dans le goût aragonais. Les claveaux de la porte d'entrée ont 80 c. de long sur 45 c. de large ; la maison *Moulis* à Bayonne, aux ré-

(1) Viollet-le-Duc, *Dictionnaire de la Maison.*

(2) Mot probablement d'origine gothique, puisque nous avons le gothique *sal-jan*, demeurer, et l'ancien haut-allemand *sal*, maison, demeure.

(3) C'est surtout dans le pays Basque espagnol que les armoiries sculptées sur les maisons ont une grande importance. On voit souvent d'immenses et lourds écussons écraser la façade, misérable et qui tombe en poussière. Ce goût atteignit son apogée lorsque le style platéresque fastueux et pompeux atteignit le sien.

(4) Ancienne gendarmerie, aujourd'hui propriété de Mlle Labrouche. Elle est située entre la rue Montante et la rue de la Baleine.

miniscences italiennes, du xvɪᵉ siècle ; la maison Lohobiague, ou
de Louis XIV, à St-Jean-de-Luz, bâtie sous le règne de Henri
III, avec une loggia au midi ; la maison Joanoenia (ou de l'Infante)
à St-Jean-de-Luz, construction des premières années du xvɪɪᵉ
siècle. Ces maisons sont dépourvues d'originalité et furent
importées dans le pays par des nobles Basques au même titre que
les réductions en plâtre et zinc de Chambord et de Chenon-
ceaux que bâtissent aujourd'hui certains Américains. Comme
types de la maison infansonne l'on peut citer : la *Casa del Obispo*
à Ossès, en Basse-Navarre, appelée en basque *Chachiriaenea*, belle
et grande construction à pans de bois, restaurée en 1628 ; la
maison *Saint-Castet*, aujourd'hui Barberania, à Ustaritz, à pans
de bois, d'un style élégant datant du xvɪᵉ siècle ; les maisons à
pans de bois et pierre à Fontarabie, calle de Pompinot 22, 18,
dans le syle plateresque du xvᵉ siècle, d'une richesse exubérante
de moulures et d'ornements qui en fait de l'orfèvrerie traduite
en bois ; (nous avons mesuré des corniches d'une saillie de 2
m. 40) ; *Jalday*, près de St-Jean-de-Luz, aujourd'hui propriété
de Mlle Labrouche, construite en 1696.

En Soule et en Labourd ce n'est guère avant le xvᵉ siècle que
l'on commença à rebâtir en maçonnerie les maisons infansonnes
qui jusqu'à cette époque avaient été construites toutes en bois ou
en terre. Le système de charpente était d'une grande simplicité,
l'assemblage ayant remplacé de bonne heure l'empilage primitif.
A l'origine elles s'élevaient sur un soubassement formé de grosses pierres. Un pan de bois composé de troncs d'arbres équarris
supportait l'extrémité supérieure des chevrons et, ainsi que les
deux autres latéraux, débordait, sur les deux pignons, en encor-
bellement, et formait ainsi des auvents très prononcés. Les combles étaient peu inclinés et leur système de charpente était
constitué par une suite de fermes partant des pannes sur
lesquelles reposent les chevrons, la ferme étant généralement
dépourvue de poinçons et se composant d'un entrait, de deux
arbalétriers et d'un entrait retroussé. Les bouts de charpente
des combles débordaient de beaucoup les murs afin de les bien

abriter. Les maisons étaient basses, larges et fortes pour résister aux grands vents de mer, supporter des pluies, rares alors mais torrentielles, et procurer pendant l'été de l'ombre et de la fraîcheur. Ces mêmes dispositions furent observées lorsque la pierre et la maçonnerie se substituèrent au bois, ce qui eut lieu pour les maisons nobles bien avant que pour celles de l'infansonat et du peuple.

LA MAISON DES CHAMPS

Lorsque les Romains arrivèrent en Espagne, la population de ce pays, et par conséquent celle des Pyrénées, devait être composée de cinq classes ou castes représentant des peuples différents. Il y avait d'abord les grands propriétaires de troupeaux, Celtes probablement, qui vivaient dans les montagnes, près des forêts et des herbages, sur le flanc des collines, élevant des chevaux, toujours en quête de bons pâturages, en rapports continuels, bons ou mauvais, avec les grandes corporations pastorales du reste de l'Espagne. Ils habitaient des tours construites d'abord en bois, ayant, d'ailleurs, une prédilection pour cette matière.

Au-dessous d'eux, vivaient les laboureurs, touraniens d'origine, habitant les plaines, peuple agricole et sédentaire, s'occupant de cultiver la plaine, de semer du froment, d'élever des bestiaux, et, lorsqu'il fallait bâtir, dès qu'ils le purent, donnant leur préférence à la pierre.

La troisième classe, les *bourgeois* (voisins) était tirée de la précédente.

Les artisans, les marchands formaient une autre classe où l'élément sémitique, plus ou moins pur, entrait pour une large part. Ils habitaient naturellement les villes et aimaient mieux habiter les maisons des autres que les bâtir ou les posséder.

La dernière classe était composée de pêcheurs, mélange de toutes les races, mais où l'Arya devait dominer. Leurs habitations étaient faites avec des roseaux ou en bois, munies de grandes galeries pour sécher les filets.

La maison des champs, chez les Basques, est peut-être la plus intéressante des trois catégories d'habitations que nous étudions. C'est là que nous retrouvons les qualités maîtresses de la vieille race, de la race primitive. A l'origine, et pendant bien des siècles, la propriété ibérienne consistait en vastes domaines. Plus tard, le contact et la fusion avec de nouvelles races, la formation et l'extension des classes inférieures au sein même de la société, créèrent de nouveaux modes de possession et de jouissance du sol euskarien, et l'évolution qui se produisit dans la fortune publique par suite de la reconquête en Navarre eut pour effet d'émanciper les colons, les serfs, les vilains et, avec la création de nouvelles classes, de commencer le morcellement de la propriété. L'ère la plus prospère du paysan basque fut le XVIIe siècle. C'est aussi la date la plus connue des constructions, des restaurations.

Béla, qui écrivait en 1619, fait la dénomination des diverses catégories des maisons des champs dans le pays Basque. Il y a, selon lui, des maisons *mères, féodales, franches, rurales, pastères* et *cayolars*.

Mères — *ondoa* ou *sort-etchea* — étaient les maisons primitives du lieu « parce que d'icelles sont sorties plusieurs autres ».

« Rurales ou pastères sont les maisons que j'ai remarqué cy-dessus estre roturiers, c'est-à-dire tenues en villenage, à cause du vil et bas courage qu'avoient ceux qui les prenant, les soubsmirent au payement ordinaire et extraordinaire de plusieurs et divers droits et devoirs que ne payent les maistres des autres maisons de ce païs, come sont pomade, péage, avoyne, brebis, agneaux, poulains et autres choses plus à plein spécifiquement déclarées dans ledit livre terrier du roy ; et sont telles maisons dictes à bon droit pastères, à cause des moyens de pasture ou pasturage, qu'elles sont à iceux qui se repaissent ou font chose œquipollente desdits payements de droicts, qu'ils en prenent (et c'est aussy de là que vient le most paster) (1). Item est mesme chose d'estre par une mayson rurale ou pastère come alternative..... et sont aussy ces maysons rurales ou pastères ce qu'en certaines provinces de France on nome cottieres (2), et sont desdictes maisons rurales, celles qui sont fermances, vézialères, et déganes..... Cette condicion de maisons rurales ou pasteres, est de toute autre spèce et qualité que ne sont les maisons nobles, les feodales, ou les franches ou leurs botoys. Les maistres d'icelles (maisons pastères) sont les pasters (pasteurs) ».

Le *cayolar* ou *coyalar* (*cuyolàa* en béarnais), se rattache à la maison pastère. C'est un mot qui a cours surtout en Soule, et s'entend d'une cabane sur la montagne, destinée aux troupeaux de moutons. « Ce mot, dit Béla, dérive soit du latin *caula*, prins par les anciens pour un réceptacle, mesmes de brebis, et a telle interprétation ou explicacion et intelligence en Soule, et ès païs circonvoysins, ou les coyalars, qui sont es dictes montagnes suzeraines, servent pour le repaire des brebis, et autre bestail qu'on y mène et garde : ou bien dérive le dit mot coyalar du mot béarnais coya, qui signifie, tondre, et coya-là demontre le tondre en certain endroit (3), fesants auquel la retraitte d'eux et

(1) Paître, pasteur, pâturage, viennent de pascere, forme inchoative du radical sanscrit *pà*, nourrir.

(2) Du vieux mot *coterie* signifiant un certain nombre de paysans unis ensemble pour tenir les terres d'un seigneur — à titre de petits fermiers — ; du kymri *cutt* et gaélique *coita, cot*, chaumière. Viennent de là cottage, cotte à jupe de paysanne, cotte de mailles, etc. Les cottiers ont leurs pareils dans les *cottars* d'Ecosse et le *costiero* de Navarre (quoique ce dernier se dise d'un office de maire). Tout cela est celtique.

(3) *Là, làa, lar*, (de lare, lares) maison, local — termine souvent en béarnais des noms de famille, *Cata-làa, Duplàa, Bilàa* — *Caya*, en bas-latin voulait dire demeure, maison, cage en ancien français, ce qui est clos, ce qui limite — Cayolar a la même origine que *chai* et *quai*, s'entendant de tout ce qui renferme dans un enclos et vient de la cloture elle-même, faite avec des barreaux, *kaï* ou *cancillæ* ; du kimry, *kae*, haie, barrière ; bas breton, *kaé*, haie ou quai. L'espagnol *cayos* (écueils), le portugais *caës*, etc, en viennent. Le *cayado*, en espagnol, est la houlette ou bâton, dont se servent les bergers.

de leur bestail, les pasteurs y tondent leur bestail à laine (1) ; et
ja çoit les ports soient publics de leur nature, toute-fois plusieurs
persones particulières ont en iceux des coyalars qui leur appartiennent privativement a tous autres en propriété come quelque
autre pièce de terre qu'ils scaurait avoir, excepté que le
droit qu'on a esat coyalars et bédats (2) des ports n'est que seulement en certaine saison de l'année. Aussi y a-t-il une obser-
vance en ceste matière de coyalars telle qu'un coyalar ne peut pas
estre de si grande esteñdue qu'on voudrait se l'approprier, ains
peuvent être seulement de l'espace ou distance du ject d'une
hache, scavoir est qu'un home se mettant au milieu du lieu qu'il
constitue faict et dict coyalar, tenant uue hache ou cognée en
main, jète icelle hache à catre divers elans, devers les catre en-
droits du monde du dit coyalar en croix de manière que selon
ce procédé, l'estendue du dit coyolar, ne contiendra plus de cir-
conférence que le compreins ou rond des places des chutes de la
dite hache en la dite convallacion ; et pour ce qu'il est facile de
fermer tel lieu et que probablement on le foisait ainsi au temps
de jadis, notre coutumier parlant de rupture du coyalar, entend
dire la faccion des palissade, closture, fermure ou cloison qui
enceint la vestitude du coyolar puis que le solage en est infran-
gible. Aussi le for de Béarn traitant des coyalars, parifie et indi-
férantise les mots coyolar et clédat au moyen de l'alternative ou
d'entre eux deux (car aussy on renclot les parcs) ; aussy y a-t-il
diverses sortes de coyalars en Soule en tout qu'on a eu l'un des
facultés qu'on n'a pas eu l'autre. Il y en a de bornés de pierre en
faveur de gens particuliers et de communautés (3) ».

La différence entre une maison *rurale* et une maison *pastère*,
consistait surtout en ce que la première ne possédait que des
terres à froment, des vergers, des bois, une prairie, et que la

(1) On a donné de ce mot l'étymologie *couya*, tondre, et *laa*, laine. Le fait
est au moins douteux ; car l'*r* de *cayolar* resterait inexplicable. — N. D. L. R.

(2) De *velatum*, lieu en défends. Formation gasconne très correcte. —
N. D. L. R.

(3) Titre XIV, article I.

seconde était une bergerie ou ferme à pâturages, où la *borde* était partie conséquente et indispensable. La maison rurale, tant que le bois abondait, était basse, très large. Dès que le bois devint plus rare, elle gagna en hauteur et en profondeur ce qu'elle perdait en largeur. La maison *pastère* n'en différait pas beaucoup. Le balcon en bois à l'étage du grenier est très fréquent dans la maison *rurale*. Le travail étant le grand but, ce qui surtout détermine la forme et les dispositions de ces maisons, c'est la destination de ses différentes parties : l'étable, la grange, l'aire. Le *sarroy* du pays de Cize était également une cabane dans laquelle on renfermait le bétail. Son nom vient, avec ses variantes, *saroca*, *sarrazon*, de *cerrar* (serrer) fermer avec une clôture. Synonyme de *corral*, cour, en Espagnol, qui provient du latin *cors*, basse-cour, cour, enclos, ferme, (*cortijo*, espagnol), résidence rurale des seigneurs, des rois, de leur conseil, de leur autorité, de leur justice. Aux vastes domaines s'ajoutèrent des propriétés moyennes exclusivement paysannes de 50 à 100 hectares, et aux environs des villes des bourgeois, des industriels créèrent des *bordes*, ou métairies. Cette moyenne s'abaisse par la suite jusqu'à celle de 10 à 50 hectares et s'est maintenue jusqu'à nos jours, constituant la catégorie dominante parmi les modes de propriété basque. Le nouveau et lamentable régime successoral introduit par la Révolution a eu pour effet de morceler encore davantage la propriété. Mais, heureusement pour les Basques, leur pays, par sa configuration, ne se prête pas à cette forme de propriété et « en dehors de quelques vallées très fertiles au-delà des abords des villes, où s'écoulent avantageusement les produits divers, en dehors du voisinage immédiat de la haute montagne, qui favorise exceptionnellement l'élevage (qui favorise aussi les empiétements progressifs sur les communaux), le petit propriétaire est généralement condamné à végéter. La force,. le noyau du pays Basque a toujours été, et est encore, la grande et la moyenne propriété. Toutes deux ont pour centre la grande et vieille *maison-souche* (etche-ondoa) bâtie pour abriter des générations sans fin. La culture des céréales, sur les domaines les plus étendus, dépasse

raremennt 5 à 6 hectares. Le surplus est en prairies, en bois, surtout en landes, qui fournissent un pacage et la litière et pourraient rarement produire autre chose (1). Le Basque a toujours
été un peuple essentiellement pasteur et éleveur de bétail. Ce
sont les pasteurs basques qui ont introduit dans la *pampa* améri-
caine l'élève du bétail, source de richesses inouïes (2).

Indépendamment d'autres causes, le mode de possession du sol
a du influer sur le mode de construction des maisons des champs.
Dans les grandes exploitations agricoles, la *maison-souche* parfois
appelée *natale (sort-etchea)*, institution des maîtres, était isolée,
entourée d'un verger-jardin, d'un potager, d'un enclos planté
d'arbres dit *okholia* en Soule et qui rappelle le *casalé* du Béarn.
Cette maison servait uniquement de demeure. Les maîtres y gar-
daient leurs papiers, leurs choses précieuses, dans la grande salle
recevaient leurs amis, sous leur porche les pauvres, les ouvriers,
etc. Tout près, isolées les unes des autres, les habitations des
journaliers, métayers, les étables, granges, bergeries. Toutes ces
bâtisses avaient primitivement des balcons à galeries en bois donnant sur la grande cour entourée de murs bas et n'avaient
pas d'ouvertures du côté opposé donnant sur la campagne. Plus

---

(1) *L'émigration des Basques en Amérique*; excellent rapport présenté par M.
Louis Etcheverry, le 9 mars 1886, à la *Société d'économie sociale*, qui fait ressor-
tir ce fait capital, que ce sont surtout les petits propriétaires qui ont le plus
largement contribué à l'émigration. La superficie moyenne constituant la petite
propriété est de 3 à 5 hectares, ce qui était jadis reconnu comme suffisant pour
l'entretien d'une famille, mais en tenant compte des communaux, alors très
considérables. (*Revue des Basses-Pyrénées et des Landes*, tome III, page 98 ; livrai-
son de mars 1886).

(2) Le bétail a toujours été la principale source des revenus dans le pays
Basque, comme l'indique le mot *aberats*, riche, qui vient d'*aberatsu* « qui a
beaucoup de têtes de bétail. » Le nom d'*ardit*, monnaie basque-béarnaise, signifie « riche en brebis » (*ardia*, brebis). De même qu'en latin *pecunia*, argent,
est venu de *pecus*, troupeau, et qu'en Espagnol *ganar*, gagner, vient de *ganado*,
troupeau. « La langue d'oïl, dit Littré, du sens rural de *paître* a passé au sens
rural de *labourer* ; puis le profit fait par la culture a désigné toute sorte de pro-
fits, le gagner. Dans les hauts temps *gaagnare*, *guagneor* signifie cultivateur. »
En Arabe, *ganàm*, bétail.

tard la propriété se morcelant, ces divers bâtiments se rapprochè-
rent — ne firent qu'un carré long, avec une cour ouverte au centre pour battre le froment — (*l'ayriau* des fors) — et dans les environs, surtout, des villes, l'aire fut couverte et tous les services de
ferme réunis sous le même toit. Foralement, la maison des
champs était *vilaine*, lorsque ses maîtres payaient tribut et *franche*,
lorsqu'ils n'en payaient aucun.

MAISONS DES VILLES

Le hameau, groupe de maisons isolées, entourées de champs,
et éloignées du lieu où est la paroisse, se dit « quartier » en Labourd. La possession d'une église paroissiale constitue un village,
herria ; celle d'un marché, un bourg ou ville, *hiria.* C'est la
paroisse qui, *de fait,* sinon toujours et partout *de droit,* constituait
la base de l'organisation administrative avant qu'elle ne devint
communale. En Soule, dans chaque paroisse, il y avait un chef de
maison, qui était comme la caution universelle du lieu, remplissait les fonctions d'huissier, de mande commun, répondait des
faits et gestes de ses co-voisins ou co-paroissiens (1). Cette charge
était héréditaire et s'appelait *fermance vésiale* (2), ou caution
paroissiale, en basque *so-eguilea* (surveillant) (3). Le pouvoir sou-
verain exercé au sommet par les Etats, selon les fors, était parois-
sial en bas. « Par délégation des paroisses il fut même longtemps
clérical ». A l'abbé de la paroisse (*bauz-apheza*) était confié le pouvoir civil et cet usage « passa tellement dans les mœurs du pays,
que, même après la substitution des laïques aux ecclésiastiques, le
nom d'*abbé laïque* désigna le propriétaire de la maison à laquelle
étaient attachés un droit de patronage, c'est-à-dire la nomination
du curé, et, généralement, la noblesse, c'est-à-dire un siège
aux Etats où ce seigneur représentait la paroisse ». Aujour-

(1) C'est le type du régime vésial. Etymologiquement, *paroisse* veut dire
voisinage et vient de *para,* près, et *oicos,* maison.

(2) *Revue de Béarn, Navarre et Landes,* tome III, pages 180, 314 et 321.

(3) Haristoy. *Recherches historiques sur le pays Basque,* tome I.

d'hui même, le nom de *bauz-apheza* est aussi souvent employé parmi les Basques que celui de « maire (major), pour désigner l'officier civil » (1). Chez ce peuple, d'un christianisme si pratique, le prêtre a toujours joui d'une confiance et d'une vénération familière très profondes. Je définirai la nature particulière de ces sentiments en disant que pour le Basque le prêtre est *notre meilleur ami*. A qui sont dus l'esprit de conduite, le patient courage, la résignation dans les moments de crise, les sentiments de dignité personnelle, l'amour du travail, l'esprit de frugalité et d'épargne, le respect de la tradition créée par les ancêtres, l'attachement à la propriété familiale, que dis-je, la vigueur des bras, qui vient d'une vie saine dans tous les sens, de ces populations basques des villes et des champs, si ce n'est au contact immédiat et constant de ses prêtres, si ardents au bien, si modestes dans l'exercice du plus sublime des ministères ? Heureux les peuples qui méritent d'être dirigés par une aussi sainte autorité ! Honneur aux prêtres qui se rendent dignes d'un si filial respect !

Rien n'est aussi *sain*, sous tous les rapports, qu'un village basque. Les rues sont aussi propres que les corridors des maisons. Les murs de celles-ci sont badigeonnés tous les ans et la composition de sa population est une preuve mathématique de sa salubrité comme des bonnes mœurs de ses habitants. Nous ne pourrons pour cela mieux faire que reproduire les statistiques de M. Louis Etcheverry publiées dans le remarquable rapport déjà cité. Il prend un village qui a été particulièrement éprouvé par l'émigration. La densité de la population est de 80 habitants par kilomètre carré, quoique la moitié de son territoire soit en landes et en bois ; or la densité rurale de la France est de 49, 5 par kilomètre carré. Sur 1,000 habitants ce village possède 537 femmes contre 504 en France, 515 en Angleterre, 519 en Ecosse, 516 en Suède. il y en a eu jusqu'à 569 en 1886. Voici le tableau de l'âge et de l'état civil de ses habitants comparés avec ceux de la France et de l'Angleterre.

(1) Idem, tome 1, page 134.

1° Sur 1,000 habitants par âge :

	VILLAGE BASQUE	FRANCE	ANGLETERRE
De 0 à 20 ans.....	454	357	458
De 20 à 40 ans.....	211	297	289
De 40 à 60 ans.....	191	227	174
Au-dessus de 60 ans.	144	119	80

2° Sur 1,000 habitants par état-civil :

Enfants et célibataires.	608	517	602
Mariés	312	401	345
Veufs.	80	82	53

Le trait capital de ces tableaux est la forte proportion des enfants. La moyenne des naissances légitimes par ménage, de 1873 à 1882, a été de 4,49. Sur 100 naissances, il y a eu 9 naissances naturelles, dues surtout à la présence dans le pays Basque de Bohémiens ou Cagots, race vivant en dehors de toutes les lois religieuses et civiles.

Dans les villages basques demeuraient des ricombres ; dans les villes des infansons ; dans toute paroisse, grande ou petite, des voisins ou des ruanos, c'est-à-dire, des bourgeois, des artisans et des marchands. La résidence dans les villes des *etcheco-yaun* a été une innovation relativement récente. L'organisation paroissiale succéda à l'organisation seigneuriale. Elle était constituée, comme nous l'avons dit, par les voisins ou bourgeois privilégiés. Le *voisin* ou paroissien a des devoirs et des obligations envers ses concitoyens. Il ne peut quitter le lieu de sa naissance pour aller habiter ailleurs, sans être reçu ou reconnu comme voisin (1), ou citoyen dans ce même lieu ; sans cela, il n'aurait pas les mêmes privilèges, ne pourrait exercer aucun métier, serait mis hors la loi. Il a le droit de jouir de tous les avantages et de tous les privilèges que la communauté possède, ce qui fait que

(1) L'étude du régime « vésial » dans le pays Basque serait d'autant plus intéressante à faire que ce régime m'a tout l'air de remonter à la plus haute antiquité euskarienne et se rattacher au culte domestique, alors que tout étranger était un ennemi des dieux de la famille et de la tribu, dont c'était un devoir sacré de s'isoler et de repousser l'étranger profane et profanateur.

ce titre de vecino était souvent recherché même par les hidalgos possesseurs de seigneuries. Ces priviléges, chaque paroisse voulait en jouir seule et n'y faire participer que ses paroissiens. Par contre, nombreux étaient les devoirs et lourdes les charges qui incombaient à un voisin, et, dans tous les événements de la vie, aux fiançailles, aux mariages, aux formalités d'un testament, à la veillée funéraire, à l'enterrement, devant la justice, les voisins devaient se servir réciproquement de témoins ; leur mission essentielle était évidemment de veiller à l'observation la plus stricte des coutumes particulières à une paroisse. Ainsi ils ne pouvaient être témoins et cautions que lorsqu'ils étaient établis et *propriétaires*. Dans une ville *infansonne et franche*, c'est-à-dire libre de seigneur particulier, tout chrétien qui avait intention de s'y fixer, devait arriver, s'il était à pied, avec sa lance, ses armes, ses meubles. Il louait une maison et y allumait du feu pendant un an et un jour. Durant ce temps, il jouissait de l'hospitalité la plus paisible. On l'exemptait de toute contribution, de tout service militaire ; on n'exigeait rien de lui, « parce qu'il ne savait pas encore les coutumes de la ville, ni les entrées des remparts » ; c'était comme une sorte de postulat, d'initiation. Après un an et un jour, il était considéré comme résident, *morador* (1). A ce titre il était imposé et assujetti à l'*ost*. Alors il devait par trois fois demander au conseil d'être classé parmi les *vecinos*. Si sa triple supplique était accueillie, il jouissait des prérogatives des habitants du lieu (2). On acquérait la *vecindad* en épousant la fille d'un *vecino*. On pouvait l'obtenir, si l'on était noble et si l'on possédait en ville, quoique l'on habitât ailleurs, « une maison avec un jardin fermé » (3). La violation du droit de voisinage était punie comme un crime. Le titre de

(1) De *morari*, demeurer, tarder.
(2) Lagrèze. *Navarre*, II. 87. *Histoire du Droit*, 55.
(3) *Fuero de Navarra*, livre VI, titre I, chapitre III. La maison noble dans une ville n'avait pas toujours les mêmes droits que celle du *vecino* et dans beaucoup de villes il n'était pas permis de recevoir un noble comme *vecino* sans l'autorisation du roi.

vecino pouvait se perdre. Celui qui refusait de se conformer aux ordonnances locales était déchu de la qualité de voisin. Il en était déclaré indigne. « Nul secours ne pouvait lui être porté, même quand on l'aurait vu assassiné par un étranger. Tous les voisins devaient faire le vide autour de lui. Ses parents n'avaient pas le droit de le visiter quand il était malade » (1). Ne pouvait être *vecino* en Navarre (et cette coutume devait être universelle dans les Pyrénées) que celui qui était né de père et de mère navarrais. Dans le for général, défense formelle était faite au roi de laisser venir des gens d'autres pays et de tolérer dans chaque « bailie » plus de cinq étrangers. Ler étrangers étaient non-seulement exclus de toutes fonctions civiles et judiciaires, mais ils ne pouvaient posséder des terres. Dans les enterrements, c'est toujours le premier voisin, celui qui est le *plus rapproché de l'église*, de la maison mortuaire, qui porte la croix. Ce sont les voisins et les voisines qui portent le corps au cimetière et président à la cérémonie. Les dimensions de la maison et la superficie de la propriété foncière d'un *vecino* ou paroissien étaient déterminées par les fors et coutumes. Le for de Navarre lui attribue une maison ayant un vide d'environ 5 mètres de large (et probablement deux fois autant de profondeur)... soit 50 mètres en tout (2), avec une sortie sur la rue ; et, s'il existe des vignes dans le pays, il en aura deux « arrinzadas », c'est-à-dire environ un hectare trente ares ; deux « robos » de terre, soit environ 65 ares ; plus une aire pour battre le blé et un jardin (un potager) assez grand pour y planter treize pieds de choux pouvant se développer sans se toucher par leurs racines. D'après la coutume de Tolosa, on lui accorde cinq sueldos de terre (environ cinq journaux, autant de terre qu'une paire de bœufs

(1) *Navarre*, II, 89.

(2) Voici le texte : « Una casa cubierta con tres vigas en luengo, que sea diez cobdos sen los cantos de las paredes, en si no otro tanto de casal vieillo que aya estado cubierto, a esida à la quintana, e sembradura de un cahiz de trigo, las meyas tierras deven ser cerca la villa, é las otras meyas... etc. (Livre III. Titre XX. De Destin, chapitre 1).

peut labourer en cinq jours) (1). D'après les coutumes de la
Gascogne toulousaine, la maison devait avoir un vide de quatre
mètres 86^c en largeur et 9,72 en profondeur. (Coutume de
Sainte-Livrade de l'an 1248). D'après celle de Sainte-Marie-du-
Désert (1273), six mètres quarante-huit centimètres de largeur
sur 19^m 44 de profondeur, cours comprises. D'après celles de
Gilhac (1274), chaque maison aura 16^m 20^c en long et 4^m 86^c
en large ; d'après celles d'Angeville (1270) et de Fayolles (1276),
16^m 20^c en long et 4^m 86^c en large ; d'après celles de Cologne
(près de Toulouse), 24^m 30^c en long et 8^m 10^c en large (2). Le
caractère de la maison vésiale n'offre rien de particulier. Elle a
généralement deux étages, avec pignon sur rue, pas de balcons.
A l'intérieur, un long corridor la partage en deux et donne
accès au jardin, qui, d'après le for, devait être rigoureusement
clos de murs. Ce qui, jusqu'au xviie siècle, la caractérisait, était
la salle, qui depuis a fait place à de nombreuses pièces banales.
Nous l'avons déjà dit, le Basque est un être peu *agglomérant*.
Il est essentiellement familial. Sa maison a toujours été faite
pour lui et les siens. Cet amour de la famille, ce goût de l'isolement et la sage méfiance de l'étranger, qui le rendent peu
sociable, quoiqu'il soit très hospitalier, sont les raisons pour
lesquelles la maison basque n'a jamais atteint de grandes dimensions, pas plus dans les villes que dans les campagnes. Quelquefois on voit deux et même trois maisons réunies sous un
même toit ; mais c'est là un usage moderne et anti-basque.

La maison du *ruano*, ou de l'artisan et du petit marchand,
est la plus simple de toutes. Comme les maisons de toute ville
basque, celles-ci ont pignon sur rue et un étage. Le plan est un
carré avec boutique sur le devant, un cellier ou dépôt sur
le derrière, les caves n'existant pas dans le pays Basque Les lo-

(1) *Derecho consuetudinario del Alto Aragon* par J. Costa — Madrid, 1880.
Il ajoute : 5 cabuadas, en Castille : 5 sueldos et une robada de terre, en
Navarre au xvie siècle; 5 sueldos et cinco cestas de tierra en Bas-Aragon.

(2) J'ai relevé un grand nombre de métairies à porche, surtout en Labourd.
En moyenne, pour celles du xvii^o siècle, j'ai trouvé 8^m de vide pour le logement, 6^m de large pour l'escoratza, 8^m de hauteur et 12 de profondeur.

18. Iribarnia, à Hasparren, en Labourd.

19. Cormenia, au Bas-Cambo, en Labourd.

20. Villa du lac du Mouriscot, à Biarritz.

21. Larraldia à Saint-Jean-de-Luz.

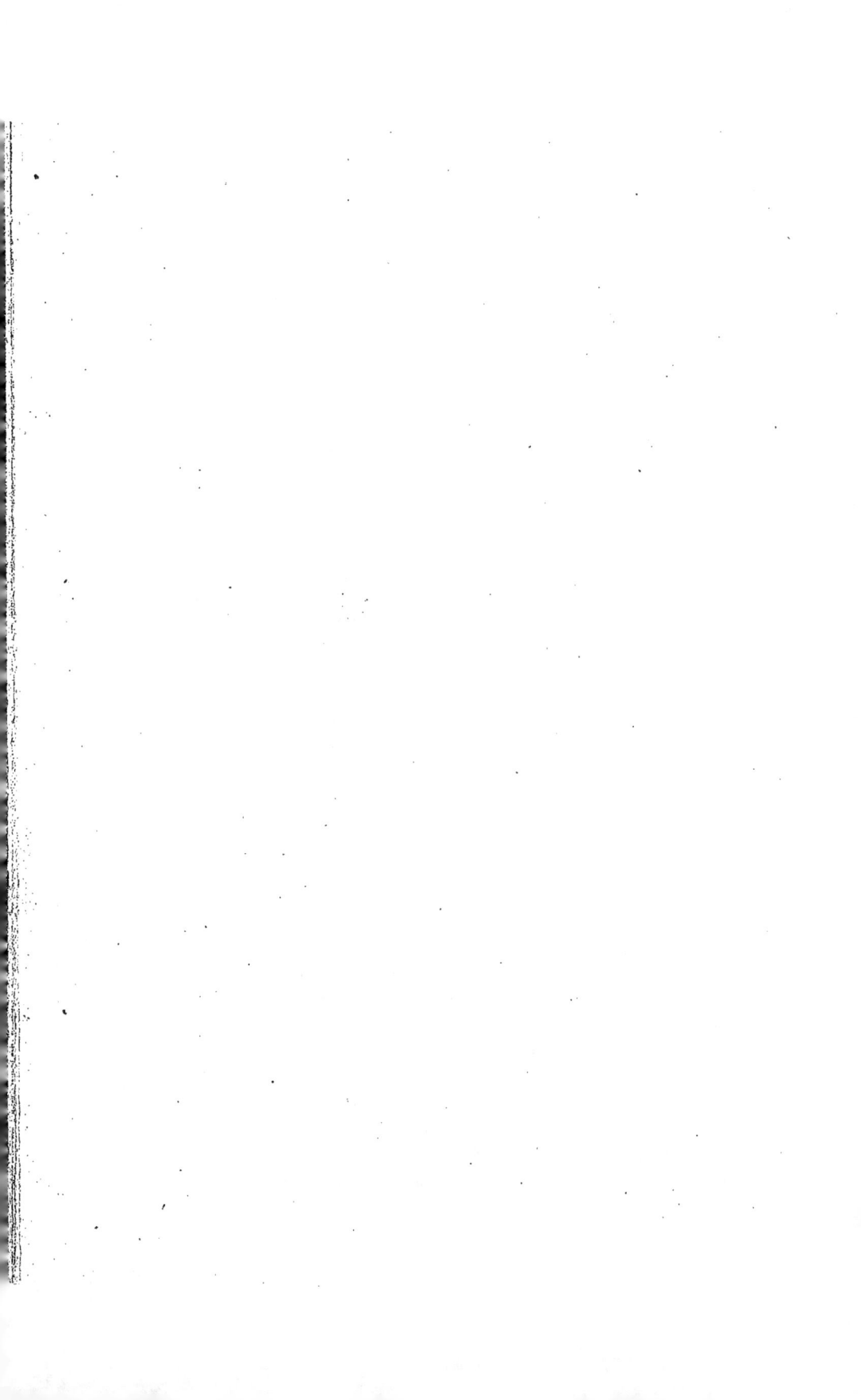

gements sont au premier ; un jardinet et une cour donnent ordinairement sur une autre rue ou ruelle. Le sol en pente, souvent très
accidenté, sur lequel sont construits les villages basques, en as-
surent l'assainissement, complété par l'isolement des maisons.
Au dessus de la porte on sculptait autrefois sur la pierre du linteau
les insignes du métier que suivait le propriétaire de la boutique,
ciseaux, marteaux, compas, etc., et au dessus, dans une petite niche,
entre le millésime et des monogrammes, la Sainte-Vierge pro-
tégeant le travail, encourageant l'honnête ouvrier, qui ne l'oublie
pas le soir avant de s'endormir. Aussi avez vous remarqué dans
ce pays le son de voix à la fois doux et ferme et le regard droit
de ces hommes qui ont l'habitude de prier?

Avant de terminer cette étude, trop incomplète, qu'une dernière remarque me soit permise. On cherche un nouveau style
d'architecture. C'est peut-être pour cela qu'on n'en trouve pas.
Chercher est une des nombreuses puérilités de notre époque. Que
ne se contente-t-on pas d'adapter ce qui existe à nos mœurs et
à nos nouveaux besoins ? Voici une manière de construire qui
est le fruit de l'expérience d'un peuple sage, prudent, pratique,
parce qu'il est foncièrement religieux et que la religion est un
bon sens sublime. Or, voilà plus de 3,000 ans qu'il se loge
de la sorte et qu'il s'en trouve bien. C'est quelque chose. Une
maison — je parle au point de vue le plus terre-à-terre — une
maison est un habit de pierre ou de bois. Avant tout il faut que
l'étoffe en soit bonne, qu'il soit fait à notre taille, ne nous gêne
pas aux entournures, que nous n'y ayons ni trop chaud ni trop
froid. Chaque pays a sa coupe, chaque époque a sa forme. Le
gothique, nous n'en sommes plus dignes. La Renaissance est
un habit de cour disparu. Le châlet suisse est un bibelot d'éta-
gère, le cottage anglais traduit en français est un veston absurde.
Je voudrais donc que dans nos Pyrénées on se remit à bâtir du
basque. Le bois ne manque pas dans ce pays. La pierre y est
excellente. Par des adaptations adroites on pourrait introduire
dans les détails une variété et une ornementation que certaines
gens auraient le mauvais goût de demander. Je préférerais

adapter sans trop changer au type primitif d'une si saine et si
mâle simplicité. Ceste renaissance basque n'est-elle qu'un rêve et
n'en saluons-nous pas déjà l'aurore dans les essais très réussis
que nous notons à St-Jean-de-Luz et à Biarritz? La forme renais-
sante ramènerait peut-être le fond... On dit que le pays Basque
est le pays des revenants.

Le tenter, toutefois, serait sage, patriotique, intéressant.
Grands propriétaires, riches américains, bourgeois éclairés, n'ou-
bliez pas que le paysan est le granit humain de la société. Il n'y
a que lui de sain dans notre monde. Lorsqu'avec la coutume, à
laquelle ces nobles populations ont dû leur force et leur grandeur,
elles auront perdu la direction de leurs autorités sociales, sans
lesquelles aucune société n'a jamais pu vivre, que deviendront-
elles, et que deviendrons-nous? Mais peut-être êtes-vous tous
également condamnés au progrès. Chaque grande route, chaque
voie ferrée en pénétrant dans votre territoire, en déchirant bru-
talement le sol sacré de votre patrie, ébranle jusque dans ses fon-
dements la tradition, cette foi nationale, dans laquelle vous viviez,
comme vos ancêtres autrefois dans leurs tours isolées...

Pardonnez-moi, lecteur, de m'écarter ainsi de mon sujet. C'est
que, voyez-vous, la maison basque, toute petite qu'elle soit,
renferme plus de choses qu'on ne pense. Si je vois sombre, c'est
apparemment que le jour finit et que le soir est venu. Noble
Etcheco-Yauna, Irlandais et Basques sont de même sang. Mon-
tons ensemble sur le balcon et de là contemplons ces monts
hardis qui s'élèvent vers le ciel et nous tendent des mains invisibles. Admirons tendrement ces bruyères roses et ces fougères
dentelées. Ce sont les mêmes que tes ancêtres regardaient et
que, tout près de nous, quoique invisibles, ils regardent peut-
être encore. Comme les maisons de ma patrie, crouleront les
tiennes ; comme la langue de ma patrie, disparaîtra la tienne ;
car, vois-tu, rien ne résiste aux ouragans que Dieu permet.
Sous le sombre feuillage qu'argente la lune, écoutons le rossignol.
Son chant est passionnément triste. On dirait la voix d'un peuple
mourant qui chante ses funérailles. Ne veuillons pas être consolés

ERRATA

Page 24, au lieu de : Novimons, lisez : Nasamons.

Page 28, au lieu de : organiques, lisez : orgiaques.

Page 28, au lieu de : stoord-danse, lisez : sword-dance.

Page 29, note 2, au lieu de : Nothfeuer, lisez : Nochtfeuer.

Page 48, note, au lieu de : garleku, lisez : yarleku.

Page 51, au lieu de : des peuples de vue aryenne, lisez : des peuples de race aryenne.

Page 53, au lieu de : les martyres étant elles-mêmes, lisez : les montagnes étant elles-mêmes.

Page 54, au lieu de : Panargade, lisez : Pasargade.

Page 55, au lieu de : Aparacas, lisez : Ajaracas.

Page 62, note, au lieu de : adaluiyi, lisez : adalingo

Page 67, au lieu de : imminuté, lisez : immunité

Page 74, au lieu de : okholia, lisez : okholua.

TABLE DES MATIÈRES

TEXTE

ILLUSTRATIONS

Frontispice. — Dessin et Composition de F. Corrèges

DANS LE TEXTE

HORS TEXTE

www.ingramcontent.com/pod-product-compliance
Lightning Source LLC
Chambersburg PA
CBHW052034270326
41931CB00012B/2488